Meditação e a Conquista da Saúde

Lawrence LeShan, Ph.D.

Meditação e a Conquista da Saúde

Tradução
CLAUDIA GERPE DUARTE

EDITORA PENSAMENTO
São Paulo

Título do original:
Meditating To Attain a Healthy Body Weight

Edição	Ano
1-2-3-4-5-6-7-8-9	97-98-99-00

Impresso em nossas oficinas gráficas.

Este livro é dedicado a Eda LeShan,
que me ensinou a compreender
a coragem e a dignidade
que nós, seres humanos, demonstramos
em nossa busca da
saúde e do desenvolvimento.

Sumário

Apresentação do Autor

Quando o editor de Larry pediu uma introdução para este livro que descrevesse a formação dele e explicasse de que modo ele se envolveu com este assunto, fui incumbida da tarefa, talvez por estar familiarizada com esta área.

Embora a meditação e a dieta possam parecer à primeira vista disciplinas bastante separadas, elas estão na verdade ligadas de uma maneira que tem sido o ponto principal do trabalho de Larry como psicólogo durante muitos anos — formando o vínculo entre a mente e o corpo em busca da saúde.

Já em 1950, um colega, Dick Worthington, informou a Larry que, ao aplicar um teste de diagnóstico psicológico a muitas pessoas, ele descobrira que era capaz de perceber algumas semelhanças entre as pessoas que tinham câncer. Os dois homens acharam que este fato era uma pista que valia a pena ser seguida.

Ao trabalhar com pacientes de câncer que haviam sido diagnosticados como casos sem esperança e terminais, Larry começou a desenvolver um tipo especial de psicoterapia que pudesse ser útil. (Ele percebeu, posteriormente, que estava tentando fortalecer o sistema imunológico, cuja função só foi compreendida depois que o seu trabalho havia começado.)

Quinze ou vinte anos depois, uma nova área da psicologia havia se desenvolvido neste campo, e o interesse de Larry no vínculo entre a mente e o corpo o levou em outra direção — ao estudo da percepção extra-sensorial, da parapsicologia e da cura psíquica.

Depois de absorver ao máximo os relatórios escritos, passou a acreditar que atividades mentais extraordinárias efetivamente acontecem. Elas ocorrem quando uma pessoa isolada ou um grupo entra num estado específico de consciência que algumas vezes causa fenômenos paranormais dignos de nota. Com freqüência, este estado de consciência é aprendido por meio de um intenso treinamento de meditação. Ele estudou os principais místicos religiosos e clarividentes e analisou as descrições que eles fizeram do seu ingresso numa "realidade alternativa". Ficou surpreso ao descobrir que os físicos descreviam uma realidade que correspondia exatamente a esta.

No decurso de vários anos, ele passou por um treinamento pessoal, por meio de uma série de exercícios de meditação, visando entrar num estado alternativo de consciência, necessário para que os fenômenos parapsicológicos ocorram. Em vez de tentar aprender a prever o futuro, ou ler as cartas, ele sentiu que havia um aspecto desse trabalho com realidades alternativas que poderia ser útil: a cura psíquica. Ao executar sozinho algumas experiências (e outras com sua filha e comigo no papel de "cobaias") ele sentiu que a cura psíquica poderia ser um instrumento psíquico proveitoso. Durante uma viagem de ônibus para assistir a uma manifestação de protesto contra a Guerra do Vietnã, em Washington, ele "curou" as queimaduras e o inchaço nos dedos da filha; certa vez, na Califórnia, quando bati a tampa do porta-malas do carro na minha mão, pensamos que eu teria que ir para um hospital onde talvez tivesse que amputar os dedos; portanto, por que não tentar aquele novo instrumento que ele vinha usando? Depois de alguns minutos de cura psíquica, recuperei sem dor todos os movimentos da mão. Em breve, tínhamos centenas de histórias, todas cuidadosamente documentadas; Larry não tinha se unido aos "loucos", aos "flakeheads". Ele insistiu na mais rigorosa análise e experimentação. Há agora vários livros que tratam deste tipo de trabalho.

Por fim, ele chegou à conclusão de que a cura psíquica provavelmente poderia ser ensinada às outras pessoas por meio de um trabalho intensivo com meditações específicas e cuidadosamente selecionadas. Eu era extremamente cética, e resolvi participar de um dos seus primeiros seminários a fim de tentar entender o que ele estava fazendo. Esse seminário mudou minha vida para sempre. Tendo sempre vivido com "os pés no chão", descobri que eu era capaz de viver numa realidade diferente. Criada no agnosticismo, aceito agora a realidade cotidiana como um mito dentre muitos. Sou capaz de meditar; consigo até mesmo curar de vez em quando.

A cura psíquica e a meditação continuam a fazer parte de uma área de contínuo crescimento e desenvolvimento. Há vários anos ambos chegamos à conclusão que aprender a meditar — usar a consciência de novas maneiras — poderia nos ajudar a lidar com muitos problemas, e que poderia haver meditações específicas capazes de permitir que as pessoas enfrentem muitos desafios que não parecem conseguir superar no dia-a-dia. As meditações e os exercícios descritos neste livro, que ele mesmo e outras pessoas testaram, ficando muito satisfeitos (ele é um chefe muito exigente), demonstraram que são úteis para muitas pessoas que não haviam conseguido perder peso de nenhuma outra maneira.

Eda LeShan
Outono de 1993

· 1 ·

A meditação para ter um peso saudável

Henry era um advogado de trinta e nove anos e, a não ser por breves períodos, sempre estivera acima do peso normal durante a maior parte de sua vida adulta. Ele tentara todas as principais dietas e conseguiu perder algum peso com a maioria delas, mas engordava novamente com relativa rapidez. Ele freqüentara reuniões em grupo e passara duas vezes várias semanas nos centros especializados em programas de dieta, novamente emagrecera, e engordara uma vez mais meses depois. No dia em que completou quarenta anos, procurou-me para que eu elaborasse para ele um programa de meditação que o ajudasse a superar o que se tornara um grave problema de saúde.

Henry esperava que eu lhe desse uma meditação para perder peso que fosse fácil e já estivesse pronta — algo simples como tirar uma roupa do armário ou procurar o farmacêutico e pedir-lhe uma pílula para dor de cabeça. Enquanto conversávamos, ele compreendeu que, se tal coisa existisse — uma pílula mental que funcionasse para todo o mundo —, ele já a teria encontrado muito tempo antes. Conversamos sobre o fato de que um programa realista teria que ser mais complexo do que ele imaginava, e projetado especialmente para ele, e não um plano igual para todas as pessoas. Juntos elaboramos um programa de quatro partes que o ajudaria a perder peso e a continuar magro — um programa baseado no que aprendemos em dois mil anos de experiência com a meditação e em centenas de anos de experiência com o entendimento científico da mente humana e de como usá-la de uma forma que nos ajude a realizar da melhor maneira possível nossos objetivos.

Este livro analisa o modo como esse programa pode ser usado por outras pessoas para criar seus programas pessoais de perda de peso.

As quatro partes do programa de Henry começavam com meditações destinadas a fortalecer a capacidade mental dele de enfrentar os problemas e a aumentar a confiança dele quanto a enfrentar as dificuldades e as tentações, e lidar eficazmente com elas. Um atleta que está se preparando para participar de alguma competição primeiramente sintoniza e treina seu corpo num sentido global antes de começar o treinamento específico, por exemplo, saltar com vara ou correr na maratona.

A segunda parte do programa foi especificamente projetada para ajudá-lo a emagrecer, a chegar a um peso que, para ele, como indivíduo único, seria um peso saudável. Esta parte, continuando a analogia do atleta, é o treinamento específico para a competição esportiva.

A terceira parte do programa compreendia um grupo de meditações destinadas às épocas particularmente difíceis e desanimadoras que surgem durante alguma tentativa séria que nós, seres humanos, façamos para mudar. O que fazer quando as coisas ficam realmente difíceis e sentimos que estamos fracassando, que nossa determinação e energia estão diminuindo? Esta parte do programa foi projetada para essas ocasiões.

A quarta parte consistiu em uma série de exercícios nos quais Henry examinaria sua vida de uma forma bastante segura e realista, e encontraria maneiras de obter mais alegria e entusiasmo dela. Afinal de contas, se ele ia desistir em parte do prazer da comida, ele precisaria de que outros prazeres, mais realistas, o substituíssem. Realisticamente, o que seria mais gratificante para essa pessoa única — Henry — do que os seus padrões atuais de ação? Como poderia ele determinar essas recompensas e avançar em direção a elas?

Henry descobriu que podia trabalhar nesse programa individualmente projetado, e que era capaz de permanecer nele. Ele perdeu o peso necessário para sentir-se bem a respeito de si mesmo. Nos anos que se seguiram, ele manteve o seu novo peso — engordando e emagrecendo apenas um pouco de vez em quando. Ele se sente bem a respeito da sua vida e a está aproveitando.

Helen estava muito ansiosa para perder sete quilos e conseguir depois manter o peso. Numa ou noutra dieta, ela conseguira perder o peso que queria, mas acabara engordando de novo no decurso do ano seguinte. Quando ela ficava mais magra, sentia-se melhor e mais saudável, acreditava que sua aparência melhorava, mas, num período de tempo relativamente curto, ela recuperava todo o peso perdido.

Depois de analisarmos as possibilidades e as dificuldades relacionadas com o emprego da meditação como uma maneira de ajudar a si mesma a resolver o problema, Helen decidiu tentar mais uma vez. Escolheu-fazer uma sessão por dia, cinco vezes por semana. Ela sentia que os seus fins de semana eram tão desorganizados e agitados, que tentar meditar aos sábados e domingos provavelmente arruinaria todo o programa. Para a primeira parte — a abordagem de disciplina global — ela resolveu meditar contando a respiração durante quinze minutos. Para a segunda parte, ela escolheu, também por quinze minutos, a meditação do Lótus de Mil Pétalas com a palavra "fome" como centro. Além disso, durante uma refeição a cada dois dias, ela comia em silêncio enquanto mantinha sua atenção voltada unicamente para a comida. (Os detalhes dessas técnicas de meditação serão descritos nos capítulos 2 e 3.)

Tudo deu certo durante várias semanas, e, nesse período, Helen descobriu que estava comendo menos e sentindo menos fome. Só que, nessa ocasião, ela passou por um período de tensão no trabalho e começou a sentir muita fome e a comer demais de vez em quando. Ela resolveu então acrescentar ao seu programa regular um mantra de quinze minutos de duração nos cinco dias da semana. O mantra é uma frase que repetimos sem parar enquanto nos concentramos apenas nela o mais possível. O mantra que ela escolheu foi "Estou no comando da minha vida". Cerca de duas semanas depois, ela percebeu que o seu programa de emagrecimento parecia ter retomado seu rumo inicial e estava dando certo. Ela continuou a usar o mantra, bem como o grupo original de meditações que escolhera.

Ela havia escolhido inicialmente um programa de seis semanas. No final deste período, ela pensou cuidadosamente em suas experiências e resolveu continuar com o mesmo programa, exceto que mudaria o "centro" da sua meditação do Lótus de Mil Pétalas para "comida". Ela prosseguiu com esse programa por mais seis semanas, e depois ainda por outras seis. Ela sentiu então que não apenas havia perdido o peso que queria, como também se sentia confiante com relação a mantê-lo. De algum modo, a comida não parecia mais uma área problemática. Ela resolveu então ingressar no estágio seguinte do programa e usá-lo para tentar aumentar seu prazer e entusiasmo pela vida de um modo geral — para encontrar novas maneiras de ampliar a satisfação que sentia pela vida e obter mais das coisas que apreciara antes. Ela começou com dois exercícios descritos no Capítulo 7, as técnicas incluídas no Toda Quarta-Feira (página 103) e no Milagre Noturno (páginas 106/107). Depois de algum tempo, ela passou a fazer outros exercícios.

No final do primeiro ano, ela conseguiu manter o peso, e hoje diz que vive uma vida dinâmica e animada. Ela é receptiva a novas aventuras.

Marvin fora gordo desde a infância. Quando ele resolveu experimentar a meditação, pesava 180 quilos, tinha um metro e sessenta e cinco centímetros de altura e vinte e oito anos de idade. Embora grandes forças psicológicas o tenham levado a comer demais, um trabalho intenso de psicoterapia quando ele já era um adulto não conseguira resolver o problema. As organizações e os grupos de dieta nos quais ele tinha ingressado só lhe proporcionaram uma ajuda temporária. Uma longa permanência num *spa* o ajudou a perder cerca de metade do peso que precisava perder, mas, no decorrer de um ano, ele voltou a pesar o mesmo que antes. Ele tinha ódio de si mesmo, sentia-se muito mal quando tinha de "passar espremido" entre as pessoas no ônibus ou num cinema lotado, e cada vez que tinha esses sentimentos desagradáveis ele parecia tentar se consolar com a comida. Seu médico repetidamente lhe dizia que ele precisava perder cerca de setenta quilos para não ter que enfrentar graves problemas de saúde, mas ele era incapaz de conseguir isso. Finalmente, como último recurso, ele resolveu tentar a abordagem da meditação. Ele discutiu o assunto com seu médico, que concordou que valia a pena tentar, e combinou com ele que o examinaria periodicamente durante o processo.

Depois de várias discussões a respeito dos recursos e dos problemas envolvidos nessa abordagem, ele escolheu um programa diário de quarenta minutos, ao acordar. Para o trabalho geral de meditação, ele escolheu uma meditação na qual se concentraria em visualizar um ponto de luz percorrendo um caminho definido em volta do seu corpo, partindo da ponta dos dedos da mão direita, descendo ao redor de cada perna, saindo pela ponta dos dedos da mão esquerda e subindo pela cabeça, em direção ao ponto de origem. Ele faria esta meditação diariamente durante quinze minutos. Também havia uma "Contagem da respiração" por mais dez minutos. Para as meditações específicas para a perda de peso, ele escolheu uma na qual se concentraria na parte do corpo em que parecesse sentir fome, e usaria uma técnica especial (os pormenores podem ser encontrados no Capítulo 3) para liberar a tensão dessa área. Além disso, ele resolveu fazer uma meditação "de concentração" antes de cada refeição, e fazer uma refeição por dia em silêncio, além de tentar ficar consciente apenas de uma coisa — das sensações na boca enquanto estivesse comendo.

Durante quase um mês, o programa pareceu estar dando certo. No decorrer desse período, ele teve menos fome de um modo geral e só se excedeu duas vezes. Então ele começou a sentir uma tensão e um desejo cada vez maiores de comer. Ele acrescentou a seu programa uma meditação intensiva chamada Porto Seguro (descrita detalhadamente no Capítulo 4). Mais ou menos uma semana depois de fazer isso, a tensão pareceu diminuir e seu programa de perda de peso novamente "entrou nos eixos".

Ele prosseguiu com esse trabalho durante um ano, reavaliando os detalhes do programa a cada cinco semanas, mas, como este lhe parecia eficaz, realizou apenas pequenas mudanças. No final desse período, começou a fazer alguns dos exercícios descritos no Capítulo 6 para aprender de que maneira poderia ter mais alegria e entusiasmo na sua vida. Ele ainda é muito gordo para sua idade, mas sente-se muito mais à vontade, está começando a gostar dos exercícios numa academia, e não se sente mais constrangido em público. O médico dele está muito satisfeito, mas deixa claro que Marvin ainda tem um longo caminho a percorrer.

No decorrer de toda a história humana, houve pessoas que tentaram descobrir maneiras de desenvolver a mente e usar ao máximo o potencial dela. Elas tentaram lidar com a mente como um atleta lida com o corpo, para que pudessem viver mais livres, com os pés na realidade e com mais entusiasmo e alegria. Não importa onde estivessem — na Índia seis séculos antes de Cristo, no período clássico greco-romano, nos mosteiros medievais, na Espanha do século XII, ou na Polônia e na Rússia do século XVIII — os métodos que elas desenvolveram independentemente eram muito semelhantes. Chamamos estes métodos de "meditações". Seu objetivo é fazer com que obtenhamos mais da vida e nos desloquemos com mais desenvoltura em qualquer direção que venhamos a escolher.

A meditação é um instrumento específico que visa influenciar a mente e a personalidade. Numa academia, há instrumentos especiais destinados a influenciar o corpo — vários tipos de aparelhos, pesos, pistas de corrida, etc. Eles afetam o corpo de diferentes maneiras — alguns fortalecem mais os músculos, outros o coração e o sistema respiratório, e assim por diante. Analogamente, as meditações nos afetam de diferentes maneiras. Elas devem ser cuidadosamente escolhidas em função de quem somos e de qual é o nosso objetivo. O local, a hora e a maneira como meditamos varia. Não há uma maneira certa para todo mundo. Assim como não há uma receita médica capaz de curar todas as doenças de todas as pessoas, não há uma única meditação que resolva os problemas de todo mundo.

Analogamente, não há um peso ideal que seja adequado a todas as pessoas de um altura e sexo determinados. Temos diferentes estruturas ósseas, constituições físicas distintas, sistemas endócrinos e digestivos diversos e tudo mais é diferente. Achamos este fato normal quando lidamos com impressões digitais, mas a maioria das pessoas acha que, em todos os outros aspectos, regras específicas devem dizer respeito a todo mundo.

Você não deve determinar sua meta de peso em função dos anúncios que vê na televisão e nas revistas. Nem todo mundo deve ser um palito e ter cinqüenta e seis centímetros de cintura. Esta pode ser a meta de uma modelo que tenha vontade de ser capa da revista *Vogue*, mas você deve ter como objetivo um peso que o faça sentir-se bem, que faça com que seu médico não se concentre em seu peso toda vez que você entrar no consultório dele, e que lhe permita ter (para a sua idade) uma relativa liberdade de movimentos e praticar atividades esportivas. Enfatizo este ponto porque vivemos numa época na qual os meios de comunicação nos fazem sentir cada vez menos à vontade a respeito do nosso peso para que possam nos vender novos produtos e nos prestar serviços, e na qual a pressão se tornou tão grande, que as crianças da escola primária e secundária estão tendo problemas alimentares em sua tentativa de ficar magras o bastante para se sentirem atraentes. Se você acredita que se der aos outros a impressão de que você é um refugiado da Somália você será considerado bonito e se sentirá bem consigo mesmo, você precisa de um psiquiatra, não de um método para atingir o peso adequado para você.

Cada uma das partes do programa de controle de peso deste livro será detalhadamente descrita num capítulo próprio. Não obstante, antes de entrarmos nesses pormenores, quero fazer alguns comentários gerais a respeito do processo da meditação.

Quanto tempo você deve meditar por dia? É você que deve tomar esta decisão. Eu sugeriria algo em torno de meia hora para começar. Mas seja realista. Se você sabe que não consegue meditar durante esse tempo (e você se conhece muito bem), escolha então um intervalo de tempo que você seja capaz de cumprir. Eu poderia querer, por exemplo, ser uma pessoa capaz de dedicar uma hora por dia à meditação. Mas não sou assim, e sei disso, de modo que, se eu escolher todo este tempo, em uma semana começarei a reduzir o intervalo de tempo (prometendo a mim mesmo que compensarei a redução do tempo no dia seguinte), e depois passarei a "pular" dias de vez em quando (prometendo a mim mesmo que meditarei em dobro no dia seguinte), e, como resultado, no final de duas semanas estarei devendo a mim mesmo dez horas e todo o programa terá ido por água abaixo. Escolho o intervalo de tempo que sei que serei capaz de cumprir, e então assumo um compromisso e faço uma promessa a mim mesmo. E faço todo o possível para cumprir o prometido!

Quase todos nós somos bastante eficientes no que diz respeito a cumprir as promessas que fazemos aos outros e totalmente ineficazes com relação às promessas que fazemos a nós mesmos. Uma das metas da meditação é aprendermos a nos tratar como uma pessoa séria, alguém a ser protegido e bem cuidado. Esta atitude envolve cumprir as promessas que fazemos a nós mesmos.

Haverá dias, por exemplo, em que você simplesmente não foi capaz de arranjar tempo para meditar. Necessidades urgentes e inesperadas preencheram o tempo que você costuma usar, e o resto do dia você passou tratando de um problema atrás do outro. Já é meia-noite e você está exausto. Você se sente tentado a dizer para si mesmo que não há por que tentar meditar; que já está tão cansado, que obviamente não vai ter nenhum benefício da meditação e que a coisa mais sensata a fazer é meditar em dobro no dia seguinte. Esta "depressão da meia-noite" é uma das armadilhas mais comuns no caminho da meditação. Se você cair nela, a mesma situação se repetirá várias vezes, e você acabará por perceber que abandonou todo o programa. A chave da questão é fazer a meditação por mais cansado que você esteja.

Com freqüência, estas se revelarão as sessões mais gratificantes. Além disso, se você fizer isso algumas vezes, começará milagrosamente a arranjar tempo para meditar durante o dia. O tempo "aparecerá".

Onde e quando meditar? Certamente, é proveitoso fazer isso à mesma hora e no mesmo lugar todos os dias. É agradável ter um horário especial e um lugar com "boas vibrações" para trabalhar, mas isso talvez não seja possível a você, e não é estritamente necessário. Escolha uma hora e um lugar em que haja pouca probabilidade de você ser interrompido. Se sua programação diária exigir que você medite em lugares e horários diferentes dependendo do dia, vá em frente. Qualquer coisa tão preciosa e frágil que só possa ser feita em condições ideais provavelmente não vale grande coisa. Não obstante, é proveitoso que as condições se aproximem o mais possível do ideal, de modo que você deve pensar um pouco no que seria melhor para você.

Como saber a hora de encerrar a meditação? Suponha que você decidiu dedicar quinze minutos a uma meditação particular e está de olhos fechados. Como você pode saber se os quinze minutos já passaram? A resposta é simples — você "trapaceia". Ponha um relógio bem na sua frente, porém, suficientemente afastado para que você não se distraia com o tique-taque dele. De tempos em tempos, enquanto você estiver lidando com algo que o distraia, dê uma olhada no relógio. Depois de algum tempo, você não precisará fazer isso com freqüência. Você se tornará tão preciso que saberá exatamente quando o tempo terminou e só precisará olhar uma vez para o relógio. Outra possibilidade é usar uma espécie de alarme suave, como o reloginho que marca o tempo de cozimento do ovo, ou abafar o ruído de um despertador. Ajuste-o, e dedique-se à sua meditação.

Depois de definir um programa para uma meditação específica, não reduzimos o tempo nem pulamos dias. Mas, e no caso contrário? Se sentirmos vontade de meditar por um período *mais longo* numa ocasião específica? Isto pode ser bom, mas não exagere. Como o sal na comida, certa quantidade de meditação na vida pode ser positiva e proveitosa. O excesso não. E qualquer coisa pode ser feita em excesso!

Nos primeiros dias da psicoterapia, esta idéia não era compreendida e com freqüência eram marcadas cinco ou seis sessões de terapia por semana. Isso sem dúvida aumentava a renda do terapeuta, mas costumava exercer um efeito negativo sobre o processo de recuperação do paciente. Um dos motivos era que a vida deste último amiúde começava a girar em torno da terapia, em vez do contrário. Os pacientes constantemente achavam cada vez mais difícil, por exemplo, tomar decisões sem primeiro discutir o assunto com o analista! A psicoterapia e a meditação são programas de desenvolvimento cujo objetivo é aumentar o entusiasmo, o colorido e o valor da vida cotidiana, e não substituir essas coisas. Assim sendo, aumente o tempo de uma ou outra meditação se você sentir vontade, mas não exagere. As pessoas são muito diferentes, de maneira que não é realmente possível estabelecer regras a respeito do que pode ser considerado demais, mas eu diria que se você estiver meditando mais de duas horas por dia, talvez seja melhor examinar o restante da sua vida e descobrir por que está se afastando tanto dela. Até mesmo o psicanalista mais ortodoxo e conservador não recomendaria mais de duas horas por dia de psicoterapia. Há limites reais para a velocidade do crescimento; um bebê leva nove meses e um carvalho vinte anos para se desenvolver, e é impossível acelerar esse processo. Conheci certa vez um homem muito inteligente que resolveu tentar crescer e mudar por meio da meditação. Durante três anos, ele meditou seis horas por dia, seis dias por semana. No final deste período, a única mudança que pude observar nele foi que ele estava três anos mais velho.

É claro que num seminário ou retiro particular as coisas são diferentes. Podemos trabalhar com muita intensidade durante esses períodos especiais. No Oriente, isso se chama "ir para a montanha". Nós nos afastamos por um período limitado de tempo a fim de nos modificarmos, trabalharmos de maneiras diferentes e descobrirmos formas de continuar nosso trabalho ao voltar a ele. Na teoria e nas escolas de desenvolvimento do Ocidente, subimos a montanha a fim de voltar à vida cotidiana e ao mundo dos negócios. É aí que vivemos — e auspiciosamente, vivemos muito melhor em virtude do trabalho intensivo que fizemos na montanha e do trabalho que fazemos em nós mesmos enquanto vivemos nossa vida no mundo exterior.

Todas as meditações deste livro foram testadas e são verdadeiras. Isto quer dizer que elas foram testadas num grande número de indivíduos e que cada uma delas foi muito boa para alguns deles, relativamente boa para outros, não muito boa para alguns e completamente irrelevante para outros. Este fato é verdadeiro com relação a todos os métodos de desenvolvimento, desde tipos específicos de psicoterapia a diversas disciplinas e formas de arte, bem como aos diferentes tipos de meditação.

Todas as meditações apresentadas aqui são garantidas. A garantia é que, quando você trabalhar com elas, as coisas que acontecem quando as pessoas trabalham com a meditação irão acontecer. É claro que isso implica acontecimentos de relativa importância!

Será preciso meditar numa posição especial — na posição oriental do lótus, com pernas dobradas, sentado numa cadeira com a coluna reta, ou em alguma outra posição específica? As escolas de meditação recomendam posições distintas, e elas nunca chegam a um acordo. No máximo, elas concordam em que se a pessoa foi treinada para assumir uma posição na qual o desconforto é mínimo e os sinais de cãibra são insignificantes, ela deve usar esta posição. Nós, ocidentais, nos sentimos mais confortáveis numa cadeira de braços ou, no caso dos mais jovens, deitados no chão. Experimente uma dessas posições. Você também pode deitar-se na cama, mas terá que fazer mais força para não adormecer.

Não importa a posição que você use, cochilar será um dos resultados prováveis da sua prática. Nossa mente resiste à meditação, resiste à disciplina que ela encerra, e a maneira mais comum de expressar essa resistência é adormecendo. Tudo o que você pode fazer é continuar consciente desse fato, tentar não dormir, e — se acontecer — decidir tentar não fazê-lo da próxima vez.

E já que estamos tratando das dificuldades da meditação, é importante que você conscientize-se do seguinte: ninguém aprende a meditar bem! Por mais arduamente que você pratique quaisquer das meditações apresentadas neste livro, mesmo que por um longo período de tempo, você terá constantemente distrações, devaneios, brancos, etc. À medida que você for praticando, perceberá que suas sessões de meditação se tornam mais erráticas — algumas serão "ótimas", no sentido de que você permanece longos períodos envolvido com elas, dedicando-se apenas a elas, desperto e alerta, antes de a sua mente perder novamente o rumo. Outras vezes, sua mente parecerá um bando de cangurus que tropeça num ninho de vespas — ela fica se voltando a todas as direções ao mesmo tempo. Ninguém aprende a ser sempre cada vez melhor, e não espere que isso aconteça com você, do contrário, você ficará muito desapontado. Esse tipo de meditação torna isso impossível. Se uma pessoa lhe disser que costuma meditar sem que por várias vezes se distraia e tenha que recomeçar, ela certamente está entrando em transe ou "apagando" logo que começa a meditar. São sensações bastante agradáveis, mas pouco têm que ver com a meditação.

Outro aspecto importante é não ter expectativas com relação a como se desenrolará determinada sessão. O fato de você ter tido três sessões "boas" não implica de modo nenhum que a quarta vá ser boa ou má. Tudo nos sentimentos ou nas reações humanas é imprevisível. Há fatores demais (e nem mesmo conhecemos a maioria deles!) para que possamos fazer alguma previsão. Sentir de antemão que uma sessão deveria ser particularmente boa, má, ou qualquer outra coisa, ou que ela deveria ser exatamente igual à sessão anterior, provavelmente levará a uma tentativa de imitar essa outra sessão, o que tornará a atual um ritual e não uma verdadeira meditação. Tudo o que é autêntico a respeito das nossas experiências sempre encerra um elemento novo e inesperado. Se não ficarmos de algum modo surpresos com uma experiência, não é provável que ela exerça um grande efeito sobre nós.

Por que nossa mente resiste com tanta veemência à meditação? Não sabemos a resposta. No entanto, este fato tem sido relatado por todos os estudantes sérios dessa prática, desde os gregos da Antigüidade aos santos católicos como Santa Teresa de Ávila, e aos buscadores da sabedoria oriental como Ramakrishna. Alguns tentaram explicar por que isso acontece, outros não, mas todos notaram o fato e sua força, e disseram que simplesmente temos que continuar a nos esforçar. É extremamente provável que você invente maneiras interessantes de resistir à disciplina. Se você for esperto com relação a isso, reparará no momento em que o fizer, ou, logo depois de fazê-lo, se felicitará por ser tão esperto, desejará poder usar essa mesma esperteza na vida diária, e voltará a seu programa de meditação. Ao analisarmos meditações específicas, descreverei algumas das formas mais comuns de resistência a cada uma delas. A mais comum de todas é dormir ou descobrir de repente que durante um período em que deveríamos estar praticando estávamos pensando em algo completamente diferente ou simplesmente deixando a mente divagar.

O que fazer se você descobrir que está pensando em outra coisa em vez de meditar? Você pode chamar a si mesmo de idiota e de fraco, e resolver não pensar mais nesse outro assunto. Esta é uma atitude comum porém certamente não recomendável. Ou então você pode dizer: "Ora, meu bem, isto está acontecendo porque você é um ser humano e é assim que os seres humanos agem durante a meditação. Vamos lá, meu bem, de volta ao trabalho." Esta é a atitude certa. Você deve tratar a si mesmo como uma criança muito querida, que não deve sair de casa. A criança sai correndo para subir numa árvore. Você estende o braço e puxa a criança de volta para a calçada, sorrindo para ela. A criança corre para o outro lado para cheirar uma bela flor. Novamente você a alcança e diz: "É isso que as crianças fazem, querida, mas vamos voltar para casa." Em outras palavras, você exige o melhor de si mesmo, mas com amor, humor, delicadeza. Você trata a si mesmo como gostaria de ter sido tratado quando criança, como gostaria de ser capaz de tratar uma criança que você ama, e como rezamos para que um dia todas as crianças do mundo sejam tratadas.

Essa atitude especial para consigo mesmo é uma das partes ou aspectos mais importantes da meditação, e também uma atitude a respeito da qual menos se escreve ou se ensina. Ao desenvolver e usar essa atitude com relação a si mesmo, você proporciona uma espécie de alimento ou "solo arável" ideal que faz com que o desenvolvimento futuro tome um rumo saudável. Ela é literalmente o alimento que precisamos para continuarmos a nos desenvolver de uma maneira positiva como seres humanos.

Assim como algumas formas de exercício físico são melhores para uma pessoa, as meditações também variam na maneira como as pessoas se adaptam a elas. Não existe uma maneira melhor de meditar, assim como não existe uma maneira melhor de exercitar-se, nem uma alimentação melhor para todo mundo.

Você poderá descobrir que determinada meditação não combina com você — que ela desperta sentimentos negativos e ansiosos. Esta é uma ocorrência muito rara no que diz respeito às meditações apresentadas neste livro, mas acontece de vez em quando. Ao mencionar sentimentos negativos não estou me referindo ao tédio nem a "eu gostaria de estar em qualquer lugar menos aqui". Todas as meditações farão você se sentir dessa maneira numa ou noutra ocasião. Raramente, porém, uma técnica particular de meditação fará uma pessoa específica sentir-se ansiosa ou deprimida. Se isso acontecer, faça uma meditação alternativa. (Durante toda a minha experiência, nunca encontrei uma situação em que ambas as alternativas tivessem uma reação negativa.) Não tente ser valente e ir em frente apesar dos sentimentos negativos. As atitudes melodramáticas não têm lugar no verdadeiro aperfeiçoamento da personalidade. Já o trabalho árduo e constante tem um lugar central e bastante real.

Já que estou tratando do assunto das diferenças individuais e do fato de algumas meditações serem melhores do que outras, quero mencionar novamente que não existe uma alimentação perfeita para todo mundo. Descubra qual a melhor para você neste estágio do seu desenvolvimento. Uma boa alimentação para uma pessoa pode ser errada para outra, e qualquer nutricionista que use a mesma dieta para todos os seus clientes pode ser considerado extremamente intolerante e ultrapassado.

Aprendi esse fato quando trabalhava com pacientes com câncer, e o consolidei repetidamente. Não havia uma dieta melhor nem correta para todos eles. Por exemplo, há uma alimentação amplamente divulgada denominada Macrobiótica. Durante os anos em que trabalhei na área do câncer, vi pessoas que se davam muito bem com essa alimentação. Também vi muitas que não se adaptavam de jeito nenhum a ela, e em que ela tinha efeitos negativos.

Sem dúvida, há algumas regras gerais satisfatórias. No entanto, se você usar os serviços de um nutricionista, escolha um que não se apóie apenas nelas ou em alguma interessante que esteja na moda. Um bom nutricionista deve fazer muitas perguntas antes de prescrever uma dieta. Ele deve perguntar quais os alimentos que você acha que lhe proporcionam energia e não fazem você "sucumbir" depois. Quais os alimentos que o viciam, que fazem você ter vontade de comê-los o tempo todo? Você prefere o café da manhã, o almoço ou o jantar?

Você costuma fazer uma, duas, três, quatro ou cinco refeições por dia, ou é mais propenso a beliscar? E assim por diante. E depois, junto com você, o bom nutricionista elaborará uma dieta. Por um lado, a equipe ideal consiste em um médico ou especialista na área da saúde que conheça bem o campo e seus recursos. Pelo outro, esta equipe requer a maior autoridade do mundo sobre sua experiência pessoal e em como você sente — você. Estes dois especialistas, quando trabalham como uma equipe equilibrada, têm uma chance muito maior de ter bons resultados do que qualquer outra combinação que conheço.

Não é fácil meditar. Você vai descobrir que o trabalho é árduo e que precisa da sua atenção. Quer a meditação particular com a qual você esteja trabalhando seja tão rigorosa quanto a Contemplação (Capítulo 2) ou tão suave quanto a meditação do Porto Seguro (Capítulo 4), você precisa seguir as regras e se concentrar de modo a permanecer com ela.

Há formas de meditação muito mais fáceis do que as aqui apresentadas. Elas são repousantes, agradáveis e sem dúvida benéficas. Uma delas, por exemplo, recomenda que nos deitemos, deixemos a mente divagar à vontade sem nenhum programa particular, e todas as vezes em que nada estiver acontecendo, ela sugere que recitemos uma frase específica (um mantra) para nós mesmos. Fazer este exercício durante dois períodos de vinte minutos por dia é certamente proveitoso. Que belo presente para oferecermos a nós mesmos — quarenta minutos por dia sem objetivos, nada para fazer exceto ser!

De um modo geral, contudo, este tipo de trabalho não leva a uma verdadeira mudança. Podemos fazer novamente a analogia com uma academia de ginástica. Esta abordagem se assemelha a você ir à academia e relaxar na piscina de hidromassagem, ficar sentado na sauna e receber uma massagem. Tudo isso é muito bom, mas se você quiser realmente modificar o seu sistema muscular ou cardiovascular, você tem que fazer esforço, precisa suar. Você precisa correr, levantar peso, empurrar um aparelho Nautilus, pedalar uma bicicleta ergométrica ou fazer algo parecido. As meditações deste livro pertencem a esta última categoria. O objetivo delas é possibilitar a espécie de mudança que o capacitará a controlar melhor seus hábitos alimentares e a sua vida de um modo geral.

Nos capítulos que se seguem, analisarei cada uma das quatro partes do programa que visa alcançar o peso ideal. Estas partes são as seguintes:

1. Meditações para disciplinar a mente e aprender a lidar melhor com os problemas e tentações. Capítulo 2.

2. Meditações elaboradas com o objetivo específico de controlar o peso. Capítulo 3.

3. Meditações voltadas para as partes especialmente difíceis do seu programa e as ocasiões em que você possa sentir que vai fracassar. Capítulo 4.

4. Meditações e exercícios destinados a melhorar a qualidade da

sua vida como um todo e ajudá-lo a encontrar outras fontes de satisfação que não seja a comida. Capítulo 7.

Leia todo o livro. Depois, para começar, escolha um exercício do Capítulo 2 e um do Capítulo 3. A maneira de escolher é experimentar cada um deles três ou quatro vezes durante quinze minutos cada um. Escolha então os dois com os quais você pretende trabalhar, decida quanto tempo vai dedicar diariamente a cada um, e comprometa-se a fazê-los durante um período de tempo determinado. Sugiro um período de quatro, cinco ou seis semanas. Você promete então a si mesmo que executará seu programa não importa o que aconteça, a não ser que ocorra uma emergência. Por "emergência" entendo algo que envolva uma equipe médica com uma ambulância ou o corpo de bombeiros indo à sua casa. Com exceção desse tipo de "tragédia", você tem que manter o seu compromisso. No final do período escolhido, faça uma reavaliação. Você poderá querer trocar uma das meditações que estiver usando ou alterar o período de tempo a elas dedicado.

Se o programa ficar muito difícil e você achar — durante o período inicial — que simplesmente não conseguirá prosseguir, escolha um dos exercícios do Capítulo 4 — exercícios para os momentos difíceis e desanimadores — e acrescente-o ao programa. Você deve acrescentá-lo, e não colocá-lo no lugar de uma das meditações que escolheu. Escolha-o da mesma maneira que fez com os outros — experimente todos os exercícios apresentados no Capítulo 4, escolha um, e assuma o compromisso de executá-lo.

Haverá momentos difíceis. O desenvolvimento e a mudança nunca são fáceis. Você aprende neste trabalho a controlar uma área da sua vida que lhe vem causando muita dor e tristeza. Se fosse fácil, você já o teria feito há muito tempo. Mas você pode aprender a exercer o controle assumindo o comando do seu programa de meditação. Você estará tomando conta da sua vida.

Há alguns anos, uma gangue de adolescentes "barra-pesada" estava conversando com a chefe de um centro de assistência que fora inaugurado na área de Bedford Stuyvesant em Nova York. (Um local em que os policiais vão em grupos de três!) Ela mencionou a meditação e os garotos pediram a ela que lhes explicasse o que era isso. Depois de alguns minutos de explicação, ela perguntou se eles queriam aprender a meditar. Eles responderam que queriam, mas não com ela, e sim com a pessoa que ensinara a ela. Ela me telefonou, e certa manhã fui até lá. Dois deles foram me encontrar no metrô e me escoltaram para que eu pudesse chegar em segurança ao centro. Eles eram quinze, e a primeira pergunta que fizeram foi a respeito do objetivo da meditação — por que meditar? Olhei para o grupo, em que todos sabiam muito bem lidar com um traficante ou com o responsável pelas pessoas em liberdade condicional e eram capazes de detectar instantaneamente o mais leve indício de falsidade numa pessoa branca de meia-idade da classe média como eu. Eu sabia que tinha que ser o mais sincero possível. Eu respondi: "A meditação serve para vocês aprenderem a ser os patrões de vocês mesmos, a dirigir o seu próprio carro sem deixar que o rumo ou a velocidade sejam escolhidos pelos seus impulsos do momento, em função do que outras pessoas dizem ou de como vocês estão se sentindo em qualquer ocasião. Serve para vocês aprenderem a dirigir seu próprio espetáculo." Nunca vi um grupo trabalhar mais arduamente e com mais persistência do que esses quinze adolescentes naquele longo dia em que passamos juntos.

Portanto, se você estiver pronto para assumir o compromisso de aprender a dirigir a sua vida, pelo menos na área do controle do peso, passe ao próximo capítulo e comece.

· 2 ·

As primeiras meditações do seu programa

Você encontrará neste capítulo uma série de meditações que, se praticadas regularmente, o ajudarão a trabalhar com sua mente, o tornarão confiante em sua capacidade de fazê-lo, e aumentarão a sua capacidade de lidar tanto com os problemas internos como com os externos. Elas também o farão rapidamente esquecer a idéia de que você, ou qualquer outra pessoa, pode aprender a meditar bem e com facilidade. Santa Teresa de Ávila declarou certa vez: "A mente de um adulto é como um cavalo indomado. Ela avança em todas as direções, exceto na que você quer que ela vá." Rapidamente, você descobrirá a verdade dessa afirmação. O importante a respeito deste tipo de trabalho não é aprender a fazê-lo bem, e sim executá-lo, porque é desse modo que você conseguirá alcançar suas metas. O processo assemelha-se à experiência de pedalar uma bicicleta ergométrica na academia. Você não espera chegar a lugar nenhum, mas a experiência em si é boa para você!

O primeiro desses exercícios é amplamente usado pelos grupos de meditação oriental. Ele se chama Contando Durante a Respiração.

Nesse exercício — como em todas as meditações "interiores" ou em que não há movimento do corpo — você começa assumindo uma posição confortável. Afrouxe a roupa e, se possível, tire os sapatos. Recoste-se numa cadeira de braço, deite-se no chão, ou fique na melhor posição para você. Com "melhor posição" estou me referindo à posição em que menos provavelmente você terá cãibras ou se sentirá mal, tendo que interromper a meditação.

Concentre-se agora na sua respiração. Cada vez que exalar, conte "um", "dois", "três", "quatro", "um", "dois", e assim por diante. É geralmente mais fácil colocar um "e" entre cada número para preencher o tempo enquanto você estiver inalando. Não tente alterar nem modificar o ritmo da respiração; simplesmente conte as exalações. O objetivo é ficar desperto, alerta e o mais consciente possível, e só fazer uma coisa — contar durante a respiração. Sempre que você se der conta (o que acontecerá com freqüência) de que se distraiu durante o exercício, diga: "É isso que nós humanos fazemos, meu bem. Agora, volte ao trabalho." Volte então a concentrar seus pensamentos e retome o exercício.

Sua meta é envolver-se de tal modo com a atividade a ponto de nem mesmo se dar conta de que a está executando. O violinista, ao tocar um trecho de uma música, concentra-se totalmente no que está fazendo. Bem desperto, totalmente alerta, no auge da percepção consciente, só existe na consciência a concentração da ação e a ação propriamente dita. Não há a consciência de que "Agora estou tocando o violino". Tampouco há a sensação de que "Agora vamos repetir o tema anterior". Ele simplesmente está tocando o violino e é disso que ele tem consciência. Um processo análogo pode ser observado no mecânico que tenta regular um carburador. Na consciência dele, há apenas a ação e a consciência da ação. Não há pensamentos como "Agora estou regulando o carburador". Há simplesmente uma concentração total, aquilo que é chamado no Oriente de "Atenção Pura". Tanto o violinista como o mecânico estão totalmente concentrados no que fazem, com tão poucos pensamentos em outra coisa quanto o cão que rói o osso. Do focinho à cauda, o cão apenas rói o osso — isso é tudo. Mas ele se entrega a isso totalmente.

Não fique desanimado ao perceber que você passa a maior parte do tempo se distraindo, percebendo que se distraiu e trazendo a atenção de volta. É isso que todo mundo faz. A não ser que estejam em estado de transe ou de bem-aventurança. É o trabalho em si que nos faz bem — que desenvolve os músculos e o controle.

Experimente fazer isso durante cinco minutos. Neste momento.

Pense agora nas experiências que você acaba de ter. Estou certo de que você sabe o que Santa Teresa quis dizer ao fazer o comentário sobre a mente ser como um cavalo indomado! Pense em como seria sua vida se você tivesse sobre o seu corpo o pouco controle que você tem sobre a sua mente. Você não conseguiria estar vivo depois de descer uma escada. O pé direito iria para um lado e o esquerdo para o outro!

Faça agora esta meditação. Medite durante quinze minutos. Neste exato momento!

Como você se sente? Pergunte a si mesmo e procure a resposta em você mesmo. Pense nela. Como transcorreu a meditação? Você acaba de ter uma experiência com uma meditação "de disciplina" "estruturada". Você teve a experiência de trabalhar com a mente. Recapitule a experiência.

Depois de cada período de meditação, procure dedicar alguns minutos — talvez 10 ou 15 por cento do tempo total da experiência de meditação — apenas a "ser". Não tenha nenhuma programação para esse período. Apenas continue fisicamente imóvel e deixe acontecer o que acontece em sua mente. Em certo sentido, você está deixando que o seu eu "digira" a experiência. Depois disso, pergunte a si mesmo como se sente e procure a resposta em si mesmo. Faça isso regularmente com todas as meditações. Se o período de tempo marcado pelo relógio que você colocou à vista não for o apropriado, será mais fácil cronometrar esse período "sem programação". Muitas pessoas acham muito difícil se ter um período de tempo sem uma programação específica. Elas não se sentem bem e de certa forma acham que deveriam estar fazendo alguma coisa. Pergunte a si mesmo se você se sente assim. Se for este o caso, entregue-se de qualquer maneira à experiência e simplesmente observe sua sensação de mal-estar. Se você prosseguir na prática e seguir essas instruções, a sensação diminuirá. Você terá aprendido algo a respeito de "ser", algo que você já sabe a respeito de "fazer". Para muitos de nós, trata-se de uma nova lição.

Uma técnica que você pode se ver usando para resistir à disciplina é a repentina descoberta intuitiva da solução de um problema no qual você já vem trabalhando há algum tempo. Poucos de nós seríamos suficientemente tolos para prosseguir na meditação, abandonando e possivelmente esquecendo a resposta repentinamente descoberta para uma questão que nos preocupa. Por outro lado, fizemos a nós mesmos a promessa de trabalhar por um período de tempo determinado. A melhor maneira de lidar com esta situação é rapidamente olhar o relógio, pegar lápis e papel e escrever a nova percepção intuitiva. Leve o tempo que precisar escrevendo para ter certeza de que não a deixará escapar. Olhe então novamente para o relógio, calcule a hora em que você terminará a meditação, entregue-se a ela de corpo e alma e conclua-a. Desse modo, você terá trabalhado pelo tempo que prometeu a si mesmo e ainda terá a percepção intuitiva. Ao mesmo tempo que você tem o bolo, você também o comeu!

A segunda meditação deste capítulo é usada numa grande diversidade de escolas de meditação, tanto orientais como ocidentais. Ela se chama Contemplação. Das formas de meditação, esta é provavelmente a segunda mais comum. (A mais freqüentemente usada é o "mantra" descrito no Capítulo 3.) A maneira como a descreverei e as instruções que darei aqui procedem basicamente de fontes ocidentais. (Particularmente de *Practical Mysticism*, de Evelyn Underhill, provavelmente o melhor e mais claro livro já escrito sobre o caminho da meditação.)

Primeiro, você precisará de um objeto para contemplar. Recomendo veementemente uma pequena concha ou um pedaço de uma concha maior, um cristal, uma pedrinha interessante ou uma pedra semipreciosa. Em outras palavras, um objeto da natureza que seja atraente e durável. Outra possibilidade é algo como uma pequena jóia que não seja muito enfeitada e não encerre nenhuma conotação emocional particular para você.

Fique numa posição confortável e comece a contemplar o objeto. Não se trata de falar a respeito dele consigo mesmo nem de usar palavras, mas simplesmente olhar. Se você tivesse um pedaço de veludo e quisesse conhecer a textura dele, você deslizaria a mão sobre ele e se concentraria na sensação causada por ele na palma da sua mão e nos seus dedos. Provavelmente, você não usaria palavras, limitando-se simplesmente a tentar tomar consciência da sensação na sua mão. Analogamente, se você estivesse ouvindo uma interpretação de qualidade de uma boa música, você não estaria descrevendo para si mesmo por meio de palavras — se estivesse realmente ouvindo — a composição ou sua atividade. Você não estaria dizendo para si mesmo coisas como: "Aqui, a música deriva de Beethoven", ou "É neste ponto que o oboé vem para o primeiro plano". Em outras palavras, há uma diferença entre agir como um ouvinte e atuar como um crítico de arte. Ao ouvir, ficamos altamente conscientes, alertas, e apenas ouvimos.

Quando você descobrir, enquanto estiver olhando para o objeto que escolheu para a contemplação, que está usando palavras, você deve sorrir tolerantemente para si mesmo e dizer: "É assim que são as coisas com os humanos, meu bem", e voltar ao trabalho. Logo você terá que repetir várias vezes o processo. Lembre-se de que ninguém medita bem. Todos nos esforçamos para fazê-lo.

"Acaricie-o com o olhar", escreveu Evelyn Underhill. "Olhe para ele da maneira como um gato satisfeito contempla o supremo rato." Olhe. Olhe. Olhe. "Não exijo de vocês", disse Santa Teresa de Ávila, "graves e profundas reflexões. Exijo apenas que olhem." Olhem para o objeto de contemplação como vocês olhariam para o rosto de alguém que vocês amam — sem palavras nem descrições, apenas com o profundo desejo de conhecer o rosto.

Experimente fazer isso durante cinco minutos — agora.

Transcorridos os cinco minutos, passe um minuto ou mais sem nenhuma programação. Permaneça fisicamente como você está e deixe o que está acontecendo na sua mente acontecer. Recapitule agora a experiência. Como ela foi? Como você se sente agora? Explore mentalmente a si mesmo e veja como você se sente.

Quando você estiver pronto, experimente fazer este exercício durante quinze minutos. Talvez você queira repeti-lo três ou quatro vezes nos próximos dias antes de decidir se deseja incluí-lo em seu programa de meditação.

Não fique surpreso ao descobrir que você sente uma grande resistência a esta forma de meditação. Com efeito, seria espantoso se não sentisse! Cochilar é uma forma comum de resistência. Outra é a que o grupo Zen chama de "Makyo". São simples alucinações aparentemente criadas por certas partes da mente destinadas a combater a disciplina do exercício. Você pode ver uma aura ao redor do objeto de meditação. Ou você pode vê-lo variar de tamanho, ficando menor ou maior. Ou sentir correntes percorrendo-lhe o corpo. Ou se sentir mais pesado, mais leve ou uma porção de outras coisas. Um antigo manuscrito hindu escrito cerca de seis séculos antes de Cristo relaciona cinqüenta dessas alucinações, e depois declara: "Mas estes são apenas os tipos mais comuns!" À semelhança de outras formas de resistência, a melhor maneira de lidar com estas é sentir-se orgulhoso da sua esperteza ao encontrar tantas maneiras de resistir à disciplina, desejar poder mostrar tanta criatividade na vida cotidiana, e continuar com o que está fazendo. Todas as escolas idôneas de meditação advertem sobre levar a sério esse tipo de coisa. A história do discípulo adiantado que estudava com o mestre Zen Dogen é um exemplo típico desse tipo de interferência. Certo dia, ele procurou Dogen e disse: "Mestre, ontem, quando eu estava meditando na posição de lótus, vi uma grande luz com o Buda atrás dela!" Dogen retrucou: "Interessante, se você se concentrar na sua respiração, ela desaparecerá!"

O terceiro exercício deste capítulo também é uma meditação de disciplina. Nela você visualiza um ponto de luz viajando lentamente pela superfície do seu corpo.

Mais uma vez, comece a meditação assumindo uma posição confortável. Feche os olhos e visualize um pequeno círculo de luz, de 70 centímetros a 1 metro e trinta de diâmetro, na palma da sua mão direita. Tão logo o veja mentalmente com clareza, faça-o deslizar *lentamente* para o dorso da sua mão e depois para a parte externa do braço. O movimento do círculo deve ser bem lento e ele deve cobrir cada centímetro. Faça-o então subir pelo seu pescoço, passar sobre o ouvido direito e pelo alto da cabeça, e descer pelo outro lado e pelo outro braço. Quando chegar ao dorso da mão esquerda, faça-o deslocar-se até a palma da mão e depois subir pela parte de dentro do braço até a axila. Faça-o então descer lentamente pelo lado do corpo. Quando ele atingir o peito, faça-o dar a volta, descer até a cintura, rodeá-la, descer até o quadril e circundá-lo. Faça-o então descer pela parte externa da perna esquerda, passar por baixo da planta do pé, subir pela parte interna da mesma perna e pelo lado do corpo em direção à axila, e descer pelo lado de dentro do braço direito até alcançar a palma da mão onde você começou.

Se você perder a concentração no decurso da jornada, você não precisa voltar ao início e recomeçar. Simplesmente, volte ao último lugar do percurso onde você estava visualizando claramente a luz. Recomece nesse ponto e vá em frente. Faça isso tantas vezes quantas forem necessárias até terminar a viagem.

Esta meditação é menos complexa do que parece à primeira vista. Depois de fazê-la uma ou duas vezes, o percurso estará claramente na sua mente e não será confuso. Para a maioria das pessoas, a parte mais difícil é fazer a luz deslocar-se ao redor do peito, da cintura e dos quadris. Esperemos que à medida que você prossiga no programa, a distância se torne cada vez mais curta!

Depois da primeira experiência com esta meditação, experimente ajustar a velocidade do movimento da luz a fim de que a viagem completa leve cerca de quinze minutos. Você tem o controle deste exercício, assim como você quer ter o controle do seu peso e da sua vida.

Depois de encerrar a meditação, entregue-se ao minuto e meio ou dois minutos sem programação. Deixe simplesmente sua mente fazer o que ela estiver fazendo. Rememore então a experiência. Como ela transcorreu? Como você se sente agora?

Experimente três ou quatro vezes cada uma dessas três meditações. Despenda cerca de quinze minutos com cada uma delas. Escolha então aquela com a qual irá trabalhar regularmente, cinco ou sete vezes por semana. (Algumas pessoas têm uma programação de fim de semana tão complexa que é melhor para elas escolher o sistema de cinco vezes por semana, pois não conseguirão cumprir o programa se planejarem meditar aos sábados ou domingos.) Escolha então o período de tempo para o seu primeiro período de trabalho. Sugiro um período de seis semanas, embora você possa preferir quatro ou cinco, ou sete ou oito. Não importa o que escolher, você agora está comprometido. Você fez uma promessa para si mesmo, e se pretende aprender a cuidar de você com amor e respeito, você cumprirá a promessa.

Antes de iniciar o programa, contudo, é preciso que você escolha um exercício no Capítulo 3. Quando estiver pronto, passe a esse novo capítulo e siga as instruções para escolher uma meditação.

• 3 •

Meditações específicas para o controle de peso

Neste capítulo serão descritas duas meditações especificamente projetadas para ajudá-lo a lidar com o problema de conseguir um peso saudável. Saudável para você como indivíduo, e não saudável de acordo com padrões arbitrários estabelecidos pela onda do momento ou pelas agências de publicidade. Para conseguir isso, sua alimentação precisa ser determinada basicamente pelas necessidades do seu corpo e não pelos seus hábitos alimentares, pelos seus caprichos ou pelas suas necessidades emocionais. À medida que você for lendo e explorando as meditações descritas neste capítulo, compreenderá como elas estão relacionadas com esta mudança.

Leia as instruções para cada meditação. Experimente cada uma delas três ou quatro vezes. Escolha então uma para o seu programa de quatro a oito semanas — o período pelo qual você decidiu trabalhar antes de reavaliar a situação e resolver se vai prosseguir no programa atual ou modificá-lo.

Além das duas meditações das quais você escolherá uma para o seu programa, há outras duas, que devem ser feitas antes ou durante as refeições. Elas devem fazer parte do trabalho de todos os que estão usando este livro para alcançar um peso saudável.

A primeira das meditações especificamente relacionada com o processo da dieta é comumente chamada de Lótus de Mil Pétalas. Ela é amplamente usada, particularmente nas escolas de meditação orientais. Em sua forma original, ela foi projetada para ajudar a pessoa que medita a perceber que tudo no universo está ligado a todas as outras coisas, e que:

Todas as coisas, através do poder imortal,
Perto e longe, secretamente,
Umas às outras ligadas estão,
E tu não podes mexer numa flor
Sem perturbar uma estrela.

Este era o seu objetivo original, mas também foi adaptada a vários problemas específicos, assim como a estamos adaptando aqui ao problema do controle do peso. Trata-se de uma meditação do "caminho interior" na qual meditamos sobre a atividade da nossa consciência em vez de sobre um objeto (como uma concha) ou uma atividade (nossa respiração) extrínsecos à nossa consciência.

Começamos por escolher uma palavra como o "centro" do lótus. Escolha uma palavra como "fome", "dieta", "magro", "gordo", ou sua "guloseima" predileta. (As minhas são os Mallomars, mas você deve escolher a sua.) Fique, então, numa posição confortável, "contemple" a palavra, e simplesmente espere. Mais cedo ou mais tarde, você fará uma associação com a palavra. Suponha que você escolheu a palavra fome, e que a sua primeira associação é "cheio". Você agora tem três coisas — a palavra fome, a palavra cheio e a ligação entre elas. Você entende ou não a relação? Neste caso, você compreende. Você sabe rapidamente qual o relacionamento entre as duas palavras e por que você fez a associação. Você volta então para "fome", contempla a palavra, e espera a associação seguinte. Suponha que a próxima seja "faminto". Mais uma vez, você olha para as três coisas durante cinco ou seis segundos, e novamente você compreende a ligação. Você volta novamente para "fome", e aguarda, exatamente como fez antes. Suponha que a associação seguinte é "teto". Você olha para as três palavras durante cinco ou seis segundos e desta feita não percebe a relação. Mesmo assim, você volta à "fome" e espera. Você prossegue dessa maneira com o exercício até completar o tempo reservado antecipadamente para esta meditação. Você reage da mesma maneira — olhando para as duas palavras e a ligação entre elas durante cinco ou seis segundos e depois voltando à palavra central e esperando — tenha ou não compreendido a relação.

Não se trata de uma livre associação na qual você simplesmente avança de uma associação para a seguinte. Você sempre volta à palavra que escolheu como centro. Tampouco você tenta "compreender" alguma coisa, verificando apenas algum sentido na ligação entre o centro e a associação. Por mais interessante e tentadora a sugestão, quer ou não ela pareça indicar profundas percepções intuitivas com relação ao funcionamento do seu inconsciente, simplesmente permaneça com a disciplina. As percepções intuitivas devem ser experimentadas e possivelmente exploradas depois da meditação, e não durante a sua execução. Se você violar esta regra (e você certamente o fará) descobrirá que, como uma técnica de resistência, os mais diversos tipos de percepções intuitivas são sugeridos pelas associações, mas elas não levam a lugar nenhum. Elas tendem a não ter substância. As verdadeiras percepções intuitivas surgirão depois de você completar várias sessões, e não durante elas (e particularmente não durante as primeiras sessões ou logo depois delas).

Esta é a forma de resistência mais comum nesta meditação — o forte sentimento de que, se você abandonar a disciplina e seguir uma idéia que surgiu das associações, ou continuar com uma técnica de livre associação, você aprenderá algo fascinante a respeito de si mesmo, de outras pessoas ou do funcionamento do universo. Esses sentimentos são pistas falsas e conseguirão afastá-lo da meditação e de qualquer benefício que você possa obter com ela até que aprenda a resistir a eles. No entanto, praticamente todas as pessoas só aprendem isso por meio da experiência. Por conseguinte, faça o possível para não violar a disciplina dessa maneira, sorria, arrependido, para si mesmo ao descobrir que fez o que todo mundo faz, e volte ao trabalho.

A segunda meditação desta seção foi originalmente elaborada para ajudar as pessoas a lidarem com certos tipos de dor. O nome genérico para esta abordagem é a técnica da Água Azul.

Nesta meditação, você primeiro assume uma posição confortável e depois pergunta a si mesmo: "Em que parte do meu corpo eu sinto fome?" Procure no seu corpo; deixe a sua consciência perambular por ele. Onde está a fome? Pode ser no estômago ou em qualquer lugar. Leve algum tempo tentando localizar a origem da sua sensação de fome. Explore todo o seu corpo. Você descobrirá rapidamente que, se estiver relaxado e à vontade, conseguirá dirigir a consciência para qualquer área do corpo e indagar: "É aqui que eu sinto fome?"

Depois de localizar a região na qual você sente fome, explore cuidadosamente as dimensões dela. Qual a forma dessa área? Quão longa, larga, profunda ela é? Visualize-a como uma forma com lados, extremidades, um fundo e uma parte superior.

Visualize agora, imagine essa forma sendo preenchida com água azul. Não importa de onde vem a água. Deixe mentalmente que a água lentamente preencha o espaço. Imagine a seguir a água lentamente se escoando. Deixe que ela se escoe através das paredes do espaço que você definiu. Visualize-a esvaindo-se através da sua pele, através do chão, e depois desaparecendo completamente, sem deixar nenhum vestígio, nem mesmo um sinal ou mancha de umidade. A seguir, encha novamente o espaço com a água azul e repita o processo. Depois, repita-o mais uma vez.

Na primeira vez que fizer este exercício, você poderá levar algum tempo — talvez uma hora enquanto procura definir a área na qual sente fome. Depois disso, ajuste seu ritmo para que você possa repetir o processo de encher e esvaziar duas ou três vezes o espaço em quinze minutos. Se você conseguir fazer tudo num intervalo de tempo menor, você estará indo depressa demais. Diminua o ritmo.

A resistência mais comum a esta meditação é entrar no "modo automático". O processo continua — geralmente cada vez mais rápido — enquanto sua mente toma outros rumos e você pensa em outras coisas. Faça o exercício com o máximo de concentração possível e mantenha o controle do ritmo.

Depois do exercício, entregue-se a um período de tempo "sem programação". Pergunte a seguir como se sente, e procure a resposta dentro de si mesmo.

Além da meditação que você escolheu para seu programa de peso, há uma outra que todos deveriam fazer. (Se você a achar muito desagradável, o que não costuma acontecer, não a faça. Caso contrário, inclua-a na sua programação.) Ela não é feita durante os períodos de meditação, e sim na hora das refeições. Tente fazê-la durante uma das refeições do dia. Se isso for muito difícil por causa da maneira como sua vida é organizada, faça-a então uma vez, durante uma refeição apenas, em dias alternados.

Esta meditação é muito antiga, e é usada tanto nas escolas orientais como nas ocidentais. É uma forma de Contemplação, como foi descrita no Capítulo 2. Entretanto, em vez de contemplar um objeto, ou seja, voltar toda a atenção para ele, contemplamos dessa maneira o alimento que estamos ingerindo.

Faça a refeição em silêncio e de preferência sozinho. (Ou com alguém que também esteja fazendo o exercício.) Primeiramente a comida é trazida para a mesa e você então se senta. Durante a refeição, contudo, em vez de conversar, ler, assistir à televisão, deixar a mente divagar, ou fazer qualquer outra coisa a que esteja habituado, concentre-se o mais possível na sensação que você sente na boca.

Enquanto comer, procure ficar o mais consciente possível do que está acontecendo na sua boca. O que você está sentindo, o que está provando?

Não se preocupe em usar ou não palavras para descrever o que está acontecendo enquanto você come. Tente apenas concentrar toda a atenção no que está acontecendo na sua boca e nas sensações que você percebe. Posso assegurar-lhe que você terá surpresas se fizer isso durante toda uma refeição.

A forma mais comum de resistência a esta meditação é nos esquecermos de fazê-la ou protelá-la até a refeição seguinte, por considerarmos a atual por demais inconveniente. Quero adverti-lo de que você pegará si mesmo fazendo exatamente isso e provavelmente perceberá de repente que a meditação foi praticamente eliminada do seu programa. Ao notar que isso aconteceu, sorria para si mesmo e recomece a meditação. Ela é uma parte importante do programa global.

As meditações do segundo capítulo — Contagem da Respiração, a Contemplação e o exercício do Círculo de Luz — são, entre outras coisas, "meditações de centralização". Isso significa que elas tendem a integrá-lo num ser que está fazendo uma coisa de cada vez. Quando avançamos nessa direção, agimos com mais eficácia e com mais descontração do que quando seguimos nossos padrões usuais, nos quais estamos com freqüência muito mais fragmentados. Seria justo dizer que durante uma meditação de centralização, por mais distraídos que possamos nos sentir, o trabalho em si nos aproxima mais das nossas verdadeiras necessidades e atuamos mais a partir delas do que dos nossos hábitos e necessidades neuróticas. Esta atitude continua durante algum tempo depois do término da meditação e também apresenta um efeito cumulativo quando seguimos um programa de meditação. É claro que ela não é uma panacéia que resolverá todos os problemas, mas nunca descobrimos tal coisa nas longas eras em que nós, seres humanos, buscamos e procuramos.

Por esse motivo, seria muito útil para seu programa se antes de cada refeição você escolhesse uma das meditações centralizadoras — provavelmente, mas não necessariamente, a que você incluiu em suas sessões regulares — e a fizesse durante cinco minutos. Isso nem sempre pode ser possível, mas se você a fizer sempre que puder, estará dando um grande passo no seu avanço em direção a um peso saudável.

Outra boa ocasião para fazer essa meditação é quando você sentir fome entre as refeições, sentir que precisa "comer qualquer coisa", e que a necessidade é bastante forte e você vai satisfazê-la. Protele a sua ida à geladeira por cinco minutos e trabalhe arduamente nesse período de meditação de centralização. A seguir, depois de um minuto "sem programação", pergunte a si mesmo como se sente. Este procedimento pode lhe conferir um controle bem maior sobre a sua ingestão de comida do que anteriormente.

A meditação que se segue é um acréscimo às outras que você escolheu, inclusive a meditação de centralização, que acabamos de examinar. Ela deve ser feita uma vez por dia durante as duas primeiras semanas do seu programa. A partir de então, ela deve ser feita sempre que você se sentir tentado a sair da sua dieta comendo um pouco mais de pão, de sobremesa ou fazendo um lanche entre as refeições.

Visualize uma balança antiga suspensa no teto diretamente à sua frente. Em cada braço está pendurado um prato. Há um ponteiro no centro com um mostrador atrás dele. O ponteiro aponta diretamente para cima.

Como precisamos da comida para viver e sermos saudáveis, o lado esquerdo da balança que está de frente para você é branco e na parte inferior do mostrador está escrita a palavra VIDA. Como comer em excesso é um veneno para o corpo, e o veneno acaba por nos matar, o lado direito do mostrador é preto; na parte inferior está escrito MORTE.

Visualize a balança e o mostrador. Quando ela estiver relativamente clara na sua imaginação, pergunte a si mesmo em que prato está o alimento que você quer comer. Para que lado oscilará o ponteiro se você o comer? Esclareça bem a situação na sua mente, e decida o que você vai fazer a respeito do alimento.

Pratique este exercício uma vez por dia. Escolha aleatoriamente durante o dia o alimento que será objeto da sua prática. Repita o exercício durante duas semanas para que os passos da meditação se tornem claros e você saiba como fazê-la. Depois, quando você estiver prestes a sair da dieta ou realmente estragá-la praticando verdadeiros excessos, você poderá usar o exercício. A prática anterior o tornará mais fácil de ser executado e mais eficaz. Como meditação, ela coloca a comida numa perspectiva realista. Quando você a usar, ficará surpreso ao constatar que, com freqüência, você não precisa, ou nem mesmo deseja, a fatia extra de pão.

É possível seguir um outro caminho de meditação com o material apresentado neste livro. Várias pessoas o seguiram com bastante sucesso.

Algumas vezes, ao usar as meditações aqui descritas, a pessoa descobre que uma delas é absolutamente perfeita; é completamente satisfatória. Então, depois de seguir o programa de quatro ou seis semanas que prometeu a si mesma, ela muda para essa meditação e a faz como um programa total.

Certa mulher estava contemplando com toda a atenção o seu jantar num centro de estudantes. Ela achou o exercício estimulante. De repente, ela estava completamente envolvida no processo de sentir o que estava acontecendo em sua boca, e assim por diante. A sobremesa servida foi musse de chocolate, que, durante toda a vida, fora a sua iguaria predileta. Ela nunca deixara por terminar um prato dessa musse e nem mesmo sonhara fazê-lo. Pareceu-lhe nessa ocasião que apreciava o gosto dessa sobremesa mais do que já o fizera antes em qualquer momento. Quando já havia comido metade da musse, ela compreendeu que já comera o suficiente. Ela não estava mais com fome e lhe parecia natural parar de comer. Ela continuou a dedicar-se à atenção numa coisa só, praticando-a pelo menos durante uma refeição por dia, e às vezes durante duas. A bulimia dela desapareceu nas semanas que se seguiram, e não voltou nos doze anos que já se passaram.

Um exemplo é o do homem que estava no fim da casa dos sessenta anos e havia mais de vinte anos apresentava um excesso de peso de onze a dezoito quilos. A psicoterapia resolvera muitos problemas na sua vida e elevara seu nível geral de desempenho e satisfação. No entanto, não conseguira resolver o seu problema de peso. Embora tivesse perdido peso durante uma permanência num campo iogue no Pritikin Center, ele logo o recuperou. Enquanto se dedicava a um programa de meditação, ele experimentou a técnica da Balança, e sentiu de repente que essa meditação era feita sob medida para ele. Às vezes quando se via diante da comida, a meditação parecia acontecer quase que automaticamente. Sempre que ele pensava em comer um alimento particular, ele imaginava a balança na frente dele com o ponteiro apontando para cima. Ele sabia se a comida para a qual estava olhando faria o ponteiro inclinar-se em direção à metade branca ou preta do mostrador. Quando ocorria a última alternativa, ele perdia todo interesse pela comida — sua fome parecia simplesmente desaparecer.

Depois de terminar o programa de cinco semanas que havia programado, ele prosseguiu apenas com a meditação da Balança, praticando-a religiosamente pelo menos durante uma refeição por dia, e geralmente duas, bem como sempre que se sentia tentado a beliscar no intervalo das refeições. Nos meses que se seguiram, ele perdeu o seu peso extra e passou a se sentir melhor do que já se sentira em muitos anos.

O tipo de coisa exemplificada pelas experiências dessas duas pessoas não acontece com muita freqüência, mas acontece. Se você perceber que se enquadra nesse padrão, vá em frente! Mas primeiro termine o programa que prometeu cumprir. Desse modo, você não estará usando uma única meditação como resistência à disciplina. Se você não for cuidadoso, provavelmente descobrirá que a meditação especial a que você parecia adaptar-se tão bem já não funciona mais, que você agora sente muita dificuldade em praticá-la e que ela não exerce mais nenhum efeito sobre você, o que significa que todo o seu programa terá ido por água abaixo. Você terá simplesmente que recomeçar. Além disso, terá quebrado uma promessa que fez a si mesmo, o que não é proveitoso para o seu futuro desenvolvimento.

Harvey era moreno e tinha quarenta e seis anos de idade. Ele tinha um metro e setenta e oito de altura e pesava 123 quilos. Trabalhara a vida inteira na construção civil e fora recentemente informado de que a não ser que perdesse bastante peso seria despedido. O engenheiro responsável disse que era perigoso demais para ele trabalhar nas escadas e nos andaimes, e a companhia não podia se dar o luxo de correr o risco de que acontecesse um acidente. O representante do sindicato examinou a questão e disse a Harvey que tudo o que o sindicato poderia fazer neste caso seria garantir que ele recebesse tudo o que tinha direito.

Ele era um homem muito inteligente e capaz, e começara a trabalhar na construção civil pouco depois de se formar no segundo grau. A não ser por um período que passou no Exército, onde foi um sargento de primeira classe nos Engenheiros de Combate, ele trabalhara regularmente a partir de então. Ele era casado e tinha dois filhos do sexo masculino, um com doze e o outro com quatorze anos. À noite, ele ficava em casa assistindo à televisão, bebia algumas cervejas com os amigos na casa de um deles ou na sua, ou num bar da vizinhança. Nas férias de verão, toda a família ia para o litoral. Duas ou três vezes por ano ele passava o dia pescando em Long Island Sound com vários amigos.

Seu peso aumentara lenta e regularmente nos dez anos anteriores. Ele estava deprimido e achava que não havia nada que pudesse fazer a respeito do seu problema. Ele tentara várias dietas, mas nenhuma lhe parecera eficaz, e eles as abandonou mais ou menos no início. Seu sindicato lhe sugerira a psicoterapia, propondo-se a pagar por quase todo o tratamento, mas, depois da primeira sessão, ele resolveu não prosseguir. Apresentou dois motivos. Primeiro, que o terapeuta "não sabia de coisa nenhuma" e segundo — "Eu não quero olhar para todo esse lixo". Ele tentou ir a uma reunião dos Vigilantes do Peso e sentiu-se completamente deslocado. Quando lhe foi sugerida a meditação, ele resistiu bastante à idéia, até que o desafiei a fazer durante cinco minutos a Contagem da Respiração e lhe disse que se ele conseguisse eu "deixaria de importuná-lo"! Ele tentou e descobriu que sua mente recusava-se a permanecer ligada à tarefa. Sorriu quando eu lhe disse que ele tinha o mesmo controle sobre a mente que tinha sobre o corpo. Como sua reação foi bastante positiva, fui em frente e lhe disse que, como a mente dele controlava o que fazia e como se sentia, talvez ele devesse começar a trabalhar para controlá-la um pouco se é que queria ser capaz de lidar com o problema de peso. Ele pensou um pouco a respeito, fez algumas perguntas, depois sorriu e disse: "Tudo bem, branquela, vamos fazer uma tentativa."

Ele escolheu a meditação da Contagem da Respiração e a da Água Azul, e disse que dedicaria quinze minutos por dia a cada uma, cinco dias por semana, e que o faria durante seis semanas. Ele disse que era muito difícil para ele se concentrar apenas na refeição, pois o café da manhã era uma loucura total, com as crianças tendo que ir para a escola e ele para o trabalho; além disso, ele almoçava com um grupo de homens com quem trabalhava e o jantar era a única ocasião em que ele e a família tinham para conversar. Ele discutiu o problema com a esposa, que estava ansiosa para que ele perdesse peso. Ela disse que em dias alternados ela se levantaria alguns minutos mais cedo e levaria o café da manhã numa bandeja para ele no quarto, onde ele poderia comer sozinho enquanto fazia o exercício da contemplação. Ela também começou a preparar um almoço dietético para ele levar para o trabalho.

Ele demonstrou uma espécie de tenacidade implacável ao trabalhar com as meditações. A parte mais difícil para ele foi aprender a não ser rigoroso demais com relação a si mesmo quando a sua mente divagava, afastando-se das instruções. Ele tinha a tendência de ser duro consigo mesmo sempre que isso acontecia. Não importa o que ele tentasse, no início ele acabava zangado consigo mesmo por não ser capaz de "fazer direito a coisa". Conversamos muito sobre isto, e finalmente ele começou a mudar e a ver tudo com um jogo que ele estava ensinando a um dos seus filhos quando ele era bem pequeno — um jogo muito difícil com regras extremamente complexas. Ele estava aprendendo a tratar a si mesmo como gostaria de ter sido tratado quando criança e como ele desejava tratar as crianças que ele amava: com firmeza e exigindo o melhor, porém com amor, humor e compreensão diante das fraquezas humanas. Esta, é claro, é a melhor maneira que conhecemos de proporcionar o terreno necessário para a mudança e o desenvolvimento futuro de modo saudável.

De tempos a tempos, ele ficava muito zangado e desanimado, saía da dieta e se excedia durante alguns dias. Esses períodos pareciam quase irrelevantes para qualquer coisa que estivesse acontecendo ao redor dele. Os incidentes que os desencadeavam eram aparentemente bastante triviais e ambos tínhamos a impressão de que ele estava reagindo mais a coisas interiores do que exteriores. Sugeri que, devido a este fato, talvez fosse aconselhável que ele ingressasse na fase seguinte mais cedo do que o habitual. Como ele se sentia com relação ao aspecto geral da sua vida? O que dizer, por exemplo, do seu emprego?

Ele disse que com o seu emprego não havia problema, que ele mesmo "ganhava bem", mas que o trabalho era "chato, a mesma coisa ano após ano". Que tipo de trabalho ele gostaria de fazer se pudesse escolher? Conversamos a respeito disso e ele fez os exercícios do Capítulo 7 para esclarecer mais suas metas. Pela primeira vez ele se mostrou bastante tímido. Continuou a falar sobre ajudar as pessoas a encontrar o lugar certo. Eu não conseguia entender nada. Finalmente, ele se explicou. Gostaria de trabalhar como corretor de imóveis. Vira corretores trazerem clientes para visitar uma casa quase terminada na qual ele estava trabalhando e por um longo tempo ele desejara ser um corretor. Ele pareceu muito surpreso quando lhe perguntei por que não tentava ser um deles. Depois de pensar um pouco na resposta para esta pergunta, ele começou a freqüentar aulas noturnas. Minha impressão era a de que a meditação e o fato de ele ter persistido nela haviam lhe conferido uma confiança em sua capacidade de dedicar-se a tarefas que nunca realizara antes, e que este era um dos principais fatores que tornaram possível o novo crescimento e atividade.

Ele gostava das aulas. Seus filhos caçoavam dele impiedosamente, perguntando: "Papai já fez o dever de casa?" e assim por diante, mas estavam claramente orgulhosos dele. Eles contaram o fato para todos os colegas de escola, e logo a notícia se espalhou por toda a vizinhança. Quando conhecidos seus começaram a procurá-lo para fazer perguntas sobre mudanças ou sobre como lidar com os proprietários dos imóveis onde moravam, ele se sentiu maravilhosamente bem.

Permaneceu fiel ao programa de meditação, mas trocou a meditação da Água Azul pela do Lótus de Mil Pétalas, e ficou com ela, usando a palavra "comida" como centro durante um período de cinco semanas, e depois mudou para "saudável". Ele descobriu que estava perdendo peso num ritmo lento porém regular, e que não tinha nenhuma dificuldade com a sua dieta. Nas noites em que está com os amigos (embora atualmente haja menos dessas noites por causa das aulas e do dever de casa) ele se limita a beber duas ou três cervejas "light". Ele descobriu que a meditação da Balança era muito útil nessas noites.

Conversei com a esposa dele. Ela compreendia e aprovava o que Harvey estava fazendo, mas pareceu um pouco surpresa quando lhe perguntei o que faria, como ela iria se desenvolver também quando chegasse a vez dela. Eu disse a ela que quando duas pessoas eram íntimas e uma delas tomava um rumo positivo, era importante que a outra fizesse a mesma coisa, caso contrário havia uma verdadeira possibilidade de elas se separarem. Ela pensou no assunto e logo começou a ir duas noites por semana à igreja para ajudar o homem que fazia a contabilidade. Ela começou como uma espécie de "quebra-galho" e, dentro de um ano, estava fazendo quase todo o trabalho. Ela gosta do que faz e disse que o trabalho era uma excelente escola para ela, uma vez que nunca se dera bem no colégio. Sua meta é fazer a contabilidade e a escrituração de uma pequena empresa da vizinhança como uma profissão de tempo parcial.

Harvey está trabalhando agora duas ou três vezes por semana como corretor de imóveis de um pequeno escritório. Ele ainda está estudando para obter sua licença. Ele gosta do seu trabalho e parece ser bastante eficiente. Ele e a esposa tiveram que usar o dinheiro da poupança pois ele ganha menos agora do que quando trabalhava em horário integral na construção civil, mas eles esperam em breve voltar à situação financeira anterior. Ele se exercita bastante, pois ainda trabalha três vezes por semana em seu emprego anterior. Pesa agora oitenta e seis quilos, e está se sentindo muito bem. Ele e a esposa dizem que levam uma vida agradável e dinâmica, e acham que estão num bom caminho.

O caso de Harvey foi incomum, pois ele e eu nos víamos com freqüência durante o programa dele. As pessoas diferem na quantidade de ajuda pessoal e contato que precisam quando usam o caminho da meditação. Algumas conseguem fazer tudo sozinhas, seguindo um livro como este, que é escrito em parte com esse objetivo. Outras precisam de uma ação recíproca mais ou menos pessoal com um especialista.

·4·

Quando as pressões se tornam fortes demais: Meditações para épocas particularmente difíceis

Você tem agora um programa individual de meditação para ajudá-lo a ter um peso saudável. Isso é provavelmente algo que você deseja há muito tempo e já fez várias tentativas para conseguir. Você escolheu um exercício básico de concentração (a Contagem na Respiração, a Contemplação ou o Círculo de Luz), e uma meditação específica voltada para o problema do controle de peso (a do Lótus de Mil Pétalas ou a do Onde Está a Minha Fome?). Você está contemplando sua comida com atenção unidirecional durante uma refeição por dia ou a cada dois dias. Durante as primeiras duas semanas, você também está usando a meditação da Balança. Além disso, nos momentos especiais em que você sente aquela forte vontade de beliscar alguma coisa, você está retardando em cinco minutos o ato de abrir a porta da geladeira enquanto faz uma rápida e eficaz meditação de concentração.

Este é, sem dúvida, um ótimo programa básico. No entanto, você também precisa estar preparado para as ocasiões especiais em que a tensão se acumula e você sabe que vai sair da dieta nos minutos seguintes e buscar o conforto de um pouco de comida extra e biologicamente desnecessária — se você receber mais um único telefonema informando-lhe que todos seus planos, cuidadosa e arduamente elaborados, foram cancelados, que mais uma coisa no ambiente que o cerca vai parar de funcionar, ou que mais uma pessoa está precisando de você ou está lhe pedindo alguma coisa. E, além disso, você sabe, baseado no registro da sua experiência, que uma ou mais dessas coisas efetivamente vai acontecer. Como lidar com esse tipo especial de tensão, que está fazendo você se sentir como se estivesse passando fome há uma semana e que claramente vai fazer você ligar o piloto automático e começar a comer em busca de bem-estar e de equilíbrio emocional, como você já fez tantas vezes no passado? Um programa de meditação para um peso saudável é sem dúvida uma excelente idéia, mas ele é capaz de dar conta das ocasiões especiais em que a tensão se acumula de um modo tal que você sabe que logo irá usar a antiga técnica de comer para aliviar a pressão? Um longo hábito de comer alimentos que você não precisa biologicamente nos momentos difíceis está fadado a destruir muitos programas, sem falar nos problemas que ele criará a longo prazo no seu peso, a não ser que você consiga controlar o hábito. Descreverei neste capítulo algumas meditações especiais a serem usadas nessas ocasiões. Elas devem ser acrescentadas ao seu programa habitual, e não substituí-lo. Quando as coisas ficarem realmente difíceis, experimente três ou quatro vezes cada uma das seguintes meditações. Escolha depois uma delas e acrescente ao seu programa.

Pode ser extremamente vantajoso você *pressupor* que haverá momentos difíceis e preparar-se de antemão. Isso significa ler cuidadosamente este capítulo no início do seu programa, experimentar algumas vezes cada uma das meditações, e, dessa maneira, realmente compreendê-las. Depois, quando você passar por um período difícil você estará numa melhor posição para fazer uma escolha. E é quase certo que você passará por esses momentos. A vida moderna (talvez toda a vida) é complexa e imprevisível. Os melhores planos freqüentemente falham no último instante. A vida é sempre difícil, incerta e dolorosa.

A primeira meditação a ser usada nos momentos difíceis se chama meditação do Porto Seguro. Ela desenvolveu-se a partir de uma técnica originariamente delineada pelo ramo de desenvolvimento espiritual da Igreja Ortodoxa Oriental por volta do século VII d.C. Nos desertos da Síria e da Jordânia, este grupo (conhecido como a Escola Hesicasta), que chamava sua maneira de trabalhar de Caminho do Doce Repouso, criou esta abordagem. Eles a chamaram de Meditação sobre a Luz do Centro da Chama.

Fique à vontade, na posição que você costuma usar para meditar.

Imagine-se confortavelmente situado em qualquer lugar, tépido e agradável, um lugar em tanto vago, sem objetos bem definidos, sem ruídos e sem aromas. Talvez você esteja sentado, relaxado em meio a uma suave neblina cinzenta ou imerso na obscuridade crepuscular. Sem usar os músculos e sem fazer esforço, você é capaz de se deslocar à vontade tanto no tempo como no espaço. Espere e fique alerta, procure perceber alguma coisa ao longe. Pode ser uma música suave ou certa sensação de luz vinda de alguma "direção". Pode ser um murmúrio, ou uma sensação agradável de tensão numa "direção", ou qualquer outro tipo de impressão real. Esse "sinal" vem de algum tempo e de algum lugar, de um momento em seu passado quando, por certo período, você se sentiu completamente realizado; quando, se lhe tivessem perguntado se gostaria de mudar alguma coisa, você não teria acrescentado, diminuído ou modificado nada; quando você poderia ter dito àquele momento: "Pare aí, você é muito bonito." Essa experiência do seu passado está lhe enviando um débil sinal através do espaço sem forma, onde você está agora. Procure tomar consciência da impressão e suavemente desloque-se, deixando-se levar na "direção" do tempo e do espaço da qual a impressão está vindo.

À medida que você avança através da área informe em direção à origem do sinal, você depara com aquele momento do seu passado esperando por você. Ele está ali como se estivesse acontecendo agora. Penetre o momento, revivencie-o em sua plenitude. Viva-o novamente. Sinta como você se sentiu então. Permaneça com ele o tempo que for necessário — enquanto ele lhe parecer "certo". Depois, ao afastar-se da experiência plena, recordando-a com todo o seu ser, faça perguntas a si mesmo sobre ela. Durante esse período, como você estava se relacionando consigo mesmo, com os outros, com o mundo como um todo? O universo lhe parecia interessante enquanto você o experimentava? Como estava o seu "equilíbrio" interior? Em que proporção você estava relacionado com o presente, com o passado e com o futuro?

Esse momento, essa experiência, satisfez uma parte de você. No entanto, como Platão salientou há tantos séculos, cada um de nós tem muitas partes. Volte em sua vida interior ao local indefinido. Traga com você a experiência que você acaba de lembrar, de sentir e de viver de novo. Espere os primeiros indícios de outro sinal. Seja paciente se ele não surgir imediatamente. Ele virá. Siga-o novamente até a origem dele, deslocando-se mentalmente sem esforço na direção de onde ele vem. Ele logo o levará a outra experiência do seu passado na qual outra parte de você sentiu-se tão realizada durante o período em que ela estava ocorrendo, que você não teria modificado nada. Envolva-se com essa segunda experiência, reviva-a e sinta-a também em sua plenitude, como fez com a primeira. Fique com ela o tempo que precisar ou desejar. Então, ao partir, faça perguntas a respeito dela como fez antes. Que parte de você foi satisfeita por esta experiência? De que modo, enquanto você a estava vivenciando, você se relacionou consigo mesmo, com os outros e com o mundo como um todo?

Você provavelmente levará cerca de meia hora para reviver um ou dois desses momentos especiais. Mas a experiência pode, justificadamente, levar mais tempo — você pode levar meia hora com apenas um dos momentos. Ou então você pode não terminar nem o primeiro e precisar voltar a ele na sessão ou sessões seguintes. Se tudo correr mais rápido, você estará apressando a meditação e não estará se permitindo vivenciá-la em sua plenitude. Depois da meditação, simplesmente deixe-se "ficar" onde está — deixe a sua mente e os seus sentimentos agirem como estiverem agindo — não imponha planos nem programações pelo menos durante três ou cinco minutos. (Defina antes da meditação qual a duração desse período.) Pergunte então a si mesmo como está se sentindo no momento.

Ao repetir este método numa outra ocasião — preferivelmente no dia seguinte — tente não ter nenhuma expectativa com relação à maneira como a meditação irá transcorrer. Ela poderá ou não ser semelhante à anterior ou às anteriores. A experiência ou as experiências com vistas às quais você "se deixa levar" para revivenciá-las poderão ou não ser as mesmas. Os sentimentos durante as experiências podem ser semelhantes ou diferentes.

Se você resolver incluir esta meditação em seu programa, faça-o por um período de tempo considerável — três, quatro, cinco ou seis semanas, dependendo do período que você escolheu quando começou o programa global. Você não esperaria obter resultados palpáveis exercitando-se uma ou duas vezes numa academia com um aparelho de levantamento de peso. O mesmo é verdade com relação à meditação. Quer estejamos nos referindo à área física, mental, emocional ou espiritual (ou a todas ou algumas ao mesmo tempo), nós, seres humanos, ainda não descobrimos uma maneira de acelerar o processo do verdadeiro crescimento e desenvolvimento. Não espere que esta — ou qualquer outra meditação — seja um "método rápido". Ainda não descobrimos um. Qualquer pessoa que lhe descreva um (ou tente vender-lhe um) ou é tola ou é mentirosa.

Quando feita sistematicamente durante um considerável período de tempo, esta Meditação sobre a Luz no Centro da Chama tende a gerar sentimentos de serenidade e de bem-estar, de paz consigo mesmo, com os outros e com o universo de um modo geral. Ela também tende a proporcionar um "porto seguro", uma maneira de ser à qual você pode se entregar nos momentos de tensão, de dificuldade ou de dor. Ela cria a compreensão de um estado de ser que é tão "adequado" a você como indivíduo, que traz consigo a harmonia interior e exterior. Cada uma das experiências especiais que revivemos nesse exercício reflete uma parte do estilo e do modo de ser especial de estar no mundo que naturalmente nos pertencem — uma parte do Porto Seguro Total. Juntas, elas formam uma maneira de ser que nos ajuda a encontrar nossa paz e nossa força interior inigualáveis — nossa serenidade.

Trata-se de um "lugar" interior maravilhoso a que podemos ir nos momentos de angústia psicológica e nas ocasiões em que achamos que estamos prestes a ser sufocados pela pressão dos acontecimentos. Você também pode usá-lo, ir até ele, num curto período de descanso durante um dia longo e frustrante, na noite da véspera de uma cirurgia, enquanto estiver sentado na cadeira do dentista, ou quando você sentir que não agüenta mais a vida e que *tem* que se exceder na comida.

Uma segunda meditação que podemos usar nos momentos difíceis em que a pressão dos acontecimentos exteriores agem reciprocamente com os nossos padrões habituais de alimentação em função de necessidades emocionais (e não de necessidades biológicas) e ameaça destruir nosso programa destinado a alcançar o peso ideal, chama-se mantra. De todas as formas de meditação, esta é a mais usada em todo o mundo.

No mantra, você escolhe uma frase verbal e a repete indefinidamente. Você está tentando ficar o mais alerta, o mais consciente, o mais desperto possível e simplesmente estar consciente de uma única coisa — da frase que você está repetindo. Cada vez que você repara que sua atenção afastou-se e está envolvida com outra coisa, você sorri e diz para si mesmo: "É assim que nós, humanos, somos, meu bem", e volta para o mantra.

É melhor repetir a frase em voz alta. Fale tranqüilamente, mas sem sussurrar. É claro que em muitas situações isso não é possível por causa da presença de outras pessoas que reagiriam e o distrairiam, atrapalhando a sua concentração. Nessas condições, simplesmente entoe em silêncio o mantra para si mesmo. Entoar um mantra não é a mesma coisa que cantar. É repetir indefinidamente uma frase, vocal ou subvocalmente, e tentar "ouvir-lhe" o significado.

O mantra deve ser repetido durante o período de tempo que você reservou para a meditação antes de começá-la. Sugiro que você escolha um período de quinze ou de vinte minutos.

É bem provável que você tenha que passar por um bom período de resistência nas primeiras sessões. Este período possivelmente incluirá descobrir outros significados na frase, freqüentemente humorísticos, perceber que ela parece completamente desprovida de significado, darse conta de que todo o processo parece a coisa mais tola e possivelmente mais idiota com a qual você se envolveu, e idéias semelhantes. Lide com essa resistência da mesma maneira como lidou com os outros obstáculos que apareceram enquanto você estava às voltas com o seu programa de meditação — reconheça a sua criatividade na superação da resistência, pense que gostaria de ter essa criatividade e engenhosidade na sua vida do dia-a-dia, e siga com o seu programa!

Você pode fazer esta meditação enquanto caminha — num trajeto que você conheça bem e no qual não seja interrompido nem tenha que atravessar alguma rua movimentada. (Esta última condição existe para que você não tenha que interromper a sua concentração para cuidar da sua "sobrevivência".) Um caminho usado para a corrida ou *jogging* costuma ser adequado. Ou então você pode fazer esta meditação confortavelmente sentado ou deitado. Não importa qual a posição que você use, certifique-se de manter a coluna ereta para que o seu peito não fique contraído.

Escolha uma frase e permaneça com ela. Não faça mudanças no meio do caminho. Depois de escolher a frase, você está preso a ela pelo período de quinze ou vinte minutos pelo qual você optou durante as três, quatro ou cinco semanas do seu programa. Você fez uma promessa para si mesmo. E parte de qualquer programa sério de meditação é aprender a cumprir as promessas feitas a si mesmo.

Escolha uma frase que faça sentido no que diz respeito à situação. Por exemplo, neste programa, você está tentando assumir o controle da sua vida, ter o comando das suas ações e do seu destino. Escolha uma frase relevante para esse processo.

Dentre os mantras extensivamente usados em outras épocas e lugares estão "Deus é bom", "Tudo é um", "*Kyrie Eleison*" (Senhor, tenha misericórdia), "Não ouvi notícias más", "Oh, Deus, venha em minha ajuda" (*Deus in adiutorium meun intende*), o "A U M" oriental (uma frase de quatro sílabas — o A, o U, o M, e o silêncio!), e outros. Estes mantras eram relevantes para os problemas que afetavam as pessoas naquela época. Escolha um que seja relevante para você aqui e agora:

"Estou no comando do meu corpo"

"Governarei a minha vida"

"Protegerei o meu corpo e cuidarei dele"

"Sou meu senhor"

"Cuidarei do meu corpo como cuido do meu (gato, carro, filho — *escolha um destes ou qualquer outra coisa*)

"Não causarei dano a mim mesmo"

"Agirei como se verdadeiramente amasse a mim mesmo"

"Protegerei o meu corpo como protegeria um filho querido"

Ou crie o seu próprio mantra.

O último exercício deste capítulo — dedicado aos momentos em que é grande a tensão e você está prestes a abandonar os seus planos de trabalhar com vistas a um peso saudável ou acaba de fazer isso — é de um tipo diferente dos outros que vimos até aqui. Ele envolve outro significado do termo "meditação".

Nesta definição de meditação, você lê ou segue um parágrafo ou uma passagem relevante para a solução do problema com o qual você está envolvido. Você o faz lentamente com a maior concentração possível. Você tenta ler e *ouvir* ao mesmo tempo; ler as palavras e ouvir-lhes o significado. Você deixa as palavras e o seu significado soarem através de você. Você presta a maior atenção possível à passagem.

Em seu devido tempo, leia a passagem no final desta seção. Ela está em negrito. Se a sua situação o permitir, leia-a em voz alta. Se não for possível, leia-a "subvocalmente" — ou seja, leia-a como se a estivesse lendo em voz alta, movendo a boca e os lábios, mas sem ativar o fluxo de ar da sua voz ou as suas cordas vocais. Com efeito, você a está lendo em voz alta sem fazer nenhum som!

Não se apresse. Depois de ler a passagem *lentamente*, o mais concentrado possível em ouvi-la, passe alguns minutos (tendo decidido de antemão quanto tempo será — sugiro três ou quatro minutos), sem planos de nenhuma espécie. Apenas assuma uma posição confortável e deixe acontecer o que acontece na sua mente e em seus sentimentos. Repita então todo o procedimento.

Repita ainda uma terceira vez. Então, depois do período "sem planos de nenhuma espécie", pergunte a si mesmo como se sente no momento. Procure e sinta interiormente a resposta. Permaneça com a resposta durante um ou dois minutos.

Se você escolher esta meditação, acrescente-a ao seu programa regular. Prometa a si mesmo que a fará todos os dias quando fizer o resto do programa durante o número específico de semanas que escolheu no início. (Sugiro três, quatro ou cinco.) Cumpra a sua promessa.

À semelhança do que ocorre com as outras meditações deste livro, esta parece bem mais simples do que realmente é. À medida que a for praticando, você dará consigo ouvindo e reagindo a diferentes níveis e significados nas palavras e nas frases. Com o tempo, ela pode ser extremamente eficaz.

Meu corpo e eu somos um. Trato o meu corpo como trato a mim mesmo. O que faço ao meu corpo mostra como me sinto a respeito de mim mesmo, do meu ser, das minhas esperanças, do meu destino.

Neste momento, posso não ser capaz de modificar os meus sentimentos a respeito do tipo de pessoa que eu sou e do tipo de vida que verdadeiramente mereço e desejo para mim.

Mas posso *agir* como se me importasse profunda e afetuosamente comigo. Posso assumir o comando e tratar o meu corpo como se eu acalentasse, amasse e tivesse grandes esperanças com relação a mim. Sou capaz de controlar minhas ações.

Não posso decidir quais são ou serão meus sentimentos e desejos. Mas posso decidir a maneira como reajo e reagirei a eles. Estou em pleno controle dos meus músculos e das minhas ações. Posso *decidir* o quanto e o que eu como, e o quanto e como eu me exercito. Posso decidir como tratarei a mim mesmo. Estou no controle das minhas ações.

Sei que a melhor maneira de desenvolver bons sentimentos a respeito de mim mesmo é agir como se eu merecesse carinho e atenção. Mas sejam quais forem os meus sentimentos e desejos, estou no controle de como eu *ajo* com relação a mim mesmo. Tenho o poder de tratar a mim mesmo com amor.

Existiu certa vez um grande filósofo francês chamado Pascal. Ele era um homem muito sério que, pelo que se sabe, nunca disse algo superficial em toda a sua vida. (Ele inventou a geometria cônica aos dezesseis anos de idade, o que eu pessoalmente considero impressionante!) Pascal viveu numa época em que as grandes questões que preocupavam as pessoas diziam respeito à sua fé na existência e na bondade de Deus. Certa vez, perguntaram a ele: "O que uma pessoa deveria fazer se perdesse a fé?" Ele retrucou: "Aja como se você tivesse fé, e a fé virá." Esta resposta é mais profunda do que parece à primeira vista e encerra uma grande dose de verdade.

Hoje, temos outras questões básicas e as grandes questões da época de Pascal não parecem tão importantes ou significativas para a maioria de nós. Além disso, temos muitas informações que Pascal não tinha e não poderia ter tido no século XVII. Aprendemos muito, por exemplo, sobre as qualidades complexas e dinâmicas da mente. Mas a intuição fundamental de Pascal continua a ser válida. Nossas ações exercem um forte efeito em como nos sentimos a respeito do mundo em que vivemos, dos outros e de nós mesmos. Se tratarmos a nós mesmos como se merecêssemos receber carinho, é bastante provável que passemos a ter fortes sentimentos de que de fato merecemos carinho. O inverso também é verdadeiro.

Para muitas pessoas, a seguinte meditação é um útil procedimento de "emergência". Quando pressões exteriores e interiores parecerem excessivas ao seu programa de controle do peso, experimente praticá-la. Faça-a diariamente durante uma semana, além do seu trabalho regular de meditação. Decida então se vai ou não continuar a praticá-la por um período mais longo. Se você resolver continuar, escolha um período de tempo definido para fazê-la. Siga então em frente. Se você chegar à conclusão de que uma semana é suficiente, talvez resolva voltar a ela quando as pressões se acumularem novamente (e não se elas se acumularem).

Adote uma posição confortável. Faça alguns minutos de concentração com uma das meditações do Capítulo 2. (Contagem da Respiração, Contemplação ou Círculo de Luz.) Imagine que na sua mente existe uma tela branca de cinema. Visualize-a. Depois, imagine que em alguns minutos vai passar nessa tela o filme de como será sua vida daqui a três meses se você assumir o controle dela e de si mesmo. Seja realista — não estamos falando de você ganhar o prêmio da loteria ou mudar-se para Camelot! A cena na tela mostrará você com o peso saudável que terá se continuar com o programa. Se você mantiver o controle de si mesmo e das suas ações. Analogamente, você terá assumido tanto o controle de outros aspectos da sua vida quanto a realidade o permite, aperfeiçoando-os e aproximando-os do que o seu coração deseja. Imagine-se depois de essas condições terem sido satisfeitas. Espere a tela ganhar vida. Pode levar tempo. Relaxe enquanto espera. (Os budistas dizem que a definição de "graça" é "paciência"!) Aguarde e seja gentil consigo mesmo. Permaneça com a imagem quando ela aparecer. Deixe que ela se desenvolva durante quinze minutos. Repita o processo no dia seguinte. Permaneça com o mesmo cenário e procure perceber os detalhes, ou então projete a imagem em outras áreas e ocasiões do dia, vendo as coisas como elas seriam se você conservasse o controle das suas ações e aumentasse as áreas sobre as quais você tem controle. Depois de uma semana, decida se vai ou não continuar.

Muitas pessoas de destaque nos esportes usam uma variação desta meditação. Elas imaginam antecipadamente como seria a ação física que elas estão prestes a executar se ela fosse feita com perfeição. Isso parece ajudá-las a executar a ação da maneira como desejam. Um atleta que pratica o salto com vara poderá assim visualizar-se correndo, encaixando corretamente a extremidade da vara, erguendo-se e passando perfeitamente por sobre a barra. Quando a visualização está clara na mente, é mais provável que a pessoa a siga corretamente. Do mesmo modo, quando visualizamos exatamente o que queremos obter com a nossa dieta e com o nosso programa de exercícios, torna-se mais provável que sejamos capazes de avançar nessa direção e alcançar nossas metas.

Outra coisa que você pode fazer a fim de preparar-se para os momentos especialmente difíceis que o ameaçam com a falta de perspectiva é sentar-se sozinho antecipadamente e elaborar uma lista de coisas que você pode dar a si mesmo em vez de comida. À semelhança de muitos exercícios, este só funciona se for feito por escrito e não apenas mentalmente. (Para alguns de vocês que avançaram mais neste século do que eu, pode ser igualmente proveitoso usar o computador. Intelectualmente, aceito que as coisas sejam assim, embora não compreenda isso emocionalmente!)

Aprendi este método de preparação com uma senhora encantadora que morava bem perto de mim. Certo dia, reparei que uma bela roseira surgira no jardim dela. Eu disse a ela qual fora a minha reação e lhe perguntei que tipo de rosa era. Ela riu, e respondeu: "Não sei o nome que um jardineiro daria a ela, mas para mim é minha 'rosa-sorvete'." Ela prosseguiu explicando que vinha tentando fazer uma dieta, quando, certo dia, tudo pareceu dar errado. Férias planejadas há muito tempo foram canceladas, ela descobriu um vazamento no teto que ia custar uma fortuna para consertar, tudo parecia estar fora do lugar! Ela disse: "Era um desses dias que eu chamo de 'dias em que o cadarço dos sapatos arrebenta'. Quando você calça o sapato, um cadarço se parte e você não tem outro. Depois, você pega a cafeteira, o cabo se solta e o café quente derrama no seu vestido novo. E a partir daí tudo dá errado nesse dia." Ela prosseguiu dizendo que tinha ido à cidade tentar resolver algumas coisas e arranhou o pára-lama do seu carro novo enquanto tentava estacionar. Ela achou que isso era demais e que realmente *precisava* de um sorvete de chocolate para poder sobreviver à hora seguinte. A caminho do restaurante que escolhera, ela passou por um florista que acabara de colocar algumas roseiras na calçada. Ela parou de repente e perguntou a si mesma o que realmente seria mais confortante — o sorvete ou uma nova roseira. E então ela comprou o que chamava agora de sua "rosa-sorvete".

Para este exercício, faça uma lista de coisas que seriam mais confortantes para *você* do que comida. Não se apresse e pense bem a respeito. Seja realista. Uma viagem ao redor do mundo no Queen Elizabeth II pode ser exatamente o que você precisa, mas infelizmente não é viável para a maioria de nós. Faça uma lista de diferentes "rosas-sorvete".

Depois, sempre que você sentir que está prestes a se exceder na comida — ou a começar a passar fome — recorra à sua lista. Examine-a e pergunte o que você poderia dar a si mesmo desta vez que lhe daria prazer durante mais tempo do que a comida. Aja então em função da resposta a essa pergunta.

Este exercício faz parte do programa global que você decidiu empreender. Com ele, você está treinando para que, nos momentos de tensão, não tenha que reagir neuroticamente no que diz respeito à alimentação, e sim melhorar a qualidade da sua vida e dar a si mesmo algo que corresponda ao que você realmente precisa. Você está se "confortando" da maneira mais saudável possível e de um modo que aumentará a sua alegria de viver e o respeito que tem por si mesmo em vez de diminuí-los. Com efeito, este exercício é um microcosmo de todo o programa.

Escrevi nos capítulos anteriores sobre a atitude que você precisa adotar com relação a si mesmo enquanto estiver meditando: tentar manter a mente bem alerta, mas apenas fazendo uma coisa de cada vez; tratar a si mesmo com dedicação, firmeza e delicadeza, exigindo o melhor com humor e carinho. Esta é uma parte absolutamente essencial da meditação. Ela também é essencial se você quiser obter o máximo do seu trabalho rumo a um peso saudável. Tanto na meditação como neste programa, é melhor que você seja muito firme consigo mesmo com relação a uma única coisa, e o mais tolerante possível a respeito de todas as outras. Na meditação, a "única coisa" é seguir as instruções específicas da forma particular de meditação; quanto ao resto, você deve procurar facilitar ao máximo as coisas para você. Se sentir uma coceira, coce o lugar e volte ao trabalho. Se tiver cãibras, espiche o corpo, mude de posição, e volte ao trabalho. O ponto crítico aqui é você se tratar da melhor maneira possível nos limites das instruções.

O mesmo conceito geral tem aplicação no trabalho global para adquirir um peso saudável. O fator básico é que você se atenha às instruções e as siga em sua dieta e no conjunto de exercícios — neste caso, no programa que você elaborou para si mesmo. Você deve seguir o mais rigorosamente possível as regras que determinou no programa. Deve fazer o possível para não se desviar, "pular" sessões, reduzi-las, dizer "farei mais amanhã", ou qualquer outra coisa. Mas, em todos os outros aspectos, você deve se tratar da melhor maneira possível. "*Paparique*" a si mesmo, seja bom para você mesmo, compre suas "rosas-sorvete" substitutas.

Analisarei no próximo capítulo como você pode manter seu peso recém-conquistado, mas é importante falar agora sobre como aumentar a probabilidade de o processo ser bem-sucedido. Você pode aumentá-la bastante se agir constantemente com relação a si mesmo como se você fosse realmente uma pessoa que merece ser bem tratada. Seja extremamente rigoroso no que diz respeito às calorias e aos exercícios, mas seja generoso consigo mesmo em outros aspectos.

Os americanos pegaram a mania da dieta desde o início da década de 50. É impossível nos deslocarmos neste país sem que uma nova dieta nos salte à vista. Examine a banca de jornais mais próxima. Não importa o dia ou o mês em que você faça isso, você deparará com meia dúzia de dietas que prometem maravilhas.

A lista de *best-sellers* do *New York Times* quase invariavelmente inclui pelo menos um livro de dieta. (Embora este não seja um livro de dieta no sentido comum das dietas Maltose e Coma Apenas Morangos, certamente espero que ele substitua um dos que estão na lista dos *best-sellers*!)

Essas dietas claramente não funcionam. Se funcionassem, todas as pessoas que lêem essas revistas há muito teriam resolvido os seus problemas, e o último número do *Grown-Up Persons' Home Journal* ou do *Not for Men Only*, apresentando este mês a Dieta Coma Apenas entre as Refeições ou Perca Cinco Quilos em Nove Dias, simplesmente não venderia.

Eis um fato triste e doloroso que qualquer abordagem que vise à obtenção de um peso saudável não pode desprezar: não há uma maneira fácil de perder peso. Se você acha que há, esqueça. Isso não existe! O verdadeiro desenvolvimento e a mudança sempre implicam dor e dificuldade.

Você aprendeu o contrário de muitas maneiras, principalmente com as agências de publicidade. Repetidamente, você ouviu falar que, se fizer uma única coisa (depois de comprar o produto) todos seus problemas serão resolvidos. Se você borrifar nas axilas um pouquinho do desodorante "Proibido", ficará irresistível para o sexo oposto e logo estará usando um magnífico traje a rigor e indo para uma festa muito elegante em seu conversível preto. (E o clima, é claro, estará perfeito!) Coma Wheaties e torne-se um campeão. Não fica bem claro que tipo de campeão você se torna — afinal de contas, a fantasia é sua!

Antes de prosseguirmos, é preciso examinar uma atitude global. A melhor maneira que conheço de delineá-la é por meio das quatro famosas regras que Barry Commoner usou para descrever as leis básicas da ecologia. Elas são as seguintes:

1. Tudo está ligado a tudo o mais.
2. Tudo aponta para algum lugar.
3. A Mãe Natureza sabe o que é melhor.
4. Não há almoço de graça.

Essas regras se aplicam igualmente ao indivíduo e aos sistemas ecológicos. Se examinadas na ordem inversa, elas lhe dirão que é impossível alcançar o verdadeiro crescimento e desenvolvimento sem trabalho e sem esforço; que, quanto mais você tratar, alimentar e usar o seu corpo da maneira para a qual ele foi criado, melhor será para você; que os resultados dos seus problemas sempre acabarão por vir à tona em algum lugar; e que você não pode "interferir" em um dos sistemas do seu ser de uma forma permanente sem que ele afete e seja continuamente afetado pelos outros sistemas. Você funciona como um todo num ambiente, e os hábitos naturais são os melhores, mas, para alcançá-los, você provavelmente terá que se esforçar muito.

Uma série de problemas surge a partir de como você se sente com relação ao seu peso. Repetidamente, as pessoas com problemas de peso que fazem psicoterapia passaram a reconhecer os mais variados tipos de crenças absurdas que não tinham a menor idéia de ter adquirido. Algumas acreditavam que, se fossem suficientemente magras, todos os seus problemas sexuais seriam resolvidos. Já vi pessoas, bem depois da adolescência, que pesavam menos de cinqüenta quilos e que ainda acreditavam que poderiam resolver os seus problemas se perdessem peso. Outras pessoas que sofrem de anorexia e de bulimia pensam o oposto — o que é igualmente absurdo —, acreditam que, se forem magras, não terão impulsos sexuais, ficando, portanto, a salvo dos próprios instintos.

Pessoas que estão muito acima do seu peso ideal podem muito bem estar tendo crenças subconscientes semelhantes. Algumas acham que, enquanto estiverem gordas, estarão a salvo da sua sexualidade. Outras encaram o fato de serem gordas como uma maneira de conter a raiva numa determinada situação ou com relação a uma pessoa específica. Ou, talvez, como uma forma de punirem a si mesmas ou alguém. O fato de essas crenças serem com freqüência inconscientes não diminui o efeito que elas exercem sobre nós. Elas podem ser forças extremamente poderosas que prejudicam as pessoas.

Com constância, quando realmente começamos a trabalhar com vista a ter um peso saudável, essas fantasias vêm à tona e nos tornamos muito conscientes delas. Se você estiver trabalhando com um bom psicoterapeuta, isso certamente lhe oferece um bom material sobre o qual falar. Se você estiver num grupo no qual este tipo de discussão é adequado, você provavelmente ficará surpreso ao verificar a quantidade de pessoas que têm a sua opinião.

Suponha, contudo, que não há nenhuma dessas situações, e que simplesmente não existe ninguém com quem você possa falar sobre os seus sentimentos. Sugiro então que você se lembre de um antigo ensinamento do psiquiatra William Alanson White e o ponha em prática. Ele disse que quase todos nós somos bastante normais na maior parte da nossa existência e que todos somos bastante neuróticos ou excêntricos (dependendo do quanto somos ricos) em algumas áreas. Além disso, cada um de nós tem uma área na qual somos completamente malucos. Uma das tarefas da idade adulta, afirmou White, é determinar qual é essa área e nos curarmos, ou a aceitarmos e compensarmos. Assim, por conseguinte, se você descobrir a sua "maluquice" particular, reconheça-a, ria disso quando puder, e faça o possível para corrigir-se.

Uma segunda série de problemas advém das atitudes e do comportamento das outras pessoas. As pessoas que há anos o apoquentam, insistindo com você para que perca peso, agora que você está seriamente no caminho do emagrecimento, são justamente as que começam a prejudicá-lo de uma maneira ou de outra. Isso é mais uma coisa com a qual você terá que lidar da maneira que você achar pessoalmente mais eficaz, mas esteja certo de que vai acontecer. A atitude dessas pessoas em sua maior parte é decorrente *delas* e do fato de que a maioria dos seres humanos não gosta de pensar. Quando alguém de quem elas gostam muda, elas têm que pensar, e tentam inconscientemente levar essas pessoas de volta à sua antiga maneira de ser para que possam continuar a reagir automaticamente a ela e não precisem pensar de uma maneira nova. Segue-se um grupo de observações que Eda LeShan fez sobre alguns exemplos dessa situação em seu livro *Winning the Losing Battle*.*

Tivemos recentemente uma série de visitantes, e ocorreu-me de súbito que recebemos de presente, nos últimos meses, vidrinhos de sal e pimenta de três pessoas diferentes. Isso é mais do que ganhei em meus trinta e quatro anos de casamento! E isso aconteceu depois que anunciei aos quatro ventos que pretendia tirar o sal da minha alimentação pelo resto da vida! Esquisito.

Maxine me escreveu a respeito da sua adaptação ao voltar para casa. Ela fez uma lista dos comentários que tem ouvido. "Uma tia hipócrita disse: 'É melhor não engordar de novo!' Uma amiga que não consegue parar de fumar disse: 'Você está magra demais.' Uma amiga gorda cujo marido acabara de me elogiar declarou: 'É tão perigoso ser magra demais quanto gorda demais.' Uma amiga do curso de golfe disse: 'É ótimo enquanto dura, mas nunca conheci ninguém que não engordasse de novo.' É maravilhoso estar em casa!"

Recebi um chamado de emergência — será que eu poderia ir a Chicago dar uma palestra? Pat teve um problema de última hora e está desesperada. Quando eu disse que não, que eu ainda estava de dieta e que viajar era muito difícil para mim, ela comentou num tom meio condescendente: "Bem, eu não desejaria fazer nada que interferisse na sua saúde, mas você não está doente — será que você não está fazendo isso só por vaidade?"

Hoje, dei um telefonema para Nova York a fim de tratar de um negócio, e a secretária de Bill estava com vontade de conversar. "Todos gostamos de você exatamente como você é", ela me disse. "Você não deveria se privar dos prazeres da comida — a vida é curta. Você não precisa ser magra na sua idade." Ela tem trinta anos e é extremamente magra!

---

* Nova York: Thomas Crowell, 1979.

Encontrei Dan por acaso no aeroporto outro dia. Ele gritou para mim: "Há menos de você para amar!" Eu tive vontade de matá-lo. Respondi: "Não ouse me dizer isso nunca mais — olha quem fala, um cara que corre atrás de toda mulher que se parece com a Twiggy!" Ele foi embora apressado. Acho que não vamos ter outras conversas no futuro!

Ontem à noite, Diane me telefonou para saber como eu estava passando. Eu lhe disse que perdera quase quinze quilos. Seu primeiro comentário foi: "Como vou reconhecê-la?" Esta é uma pergunta terrível, que desperta em mim a ansiedade. Mas o pior foi quando ela disse: "Coitado do Larry; todos os homens vão correr atrás de você!" A implicação de que, quando eu era gorda, não havia esse perigo, estava bem clara.

Roger me escreveu o seguinte: "Por que você teve que ir para a Carolina do Norte para morrer de fome? Você poderia ter feito a mesma coisa em casa e todos os seus amigos seriam testemunhas do seu desaparecimento." Algumas das fantasias das pessoas magras parecem ser iguais às das pessoas gordas!

Carta de Kate: "Não gosto da idéia de você ser magricela. Você pode ficar pálida, menos atraente e menos afetuosa."

Alice telefonou. Ela disse: "Vou ficar morrendo de ciúme! Agora você vai ser famosa, bem-sucedida e magra! É demais para suportar!"

Nadine voltou depois de visitar a família. Ela nos contou como se sentiu ao estar novamente entre "civis". Não muito bem: "Todo mundo me felicitava e cumprimentava, mas ninguém acreditava que eu estivesse realmente disposta a continuar magra. As pessoas me convidavam o tempo todo para almoçar, jantar e para coquetéis. Elas ficavam o tempo todo tentando me induzir a tomar 'apenas um pequeno drinque', ou dizendo: 'Você precisa experimentar isto.' O mundo está cheio de gente querendo nos prejudicar", disse ela.

Uma das coisas que você precisa decidir quando elabora um programa é se quer ficar saudável ou apenas magro. Não se trata da mesma coisa. "Magro" refere-se principalmente à sua aparência, a como os outros o vêem. Se você quer passar o resto da vida trabalhando nisso, tudo bem! Um dia, você provavelmente vai se desenvolver e procurar ser "saudável", o que está basicamente relacionado com a maneira como você julga a si mesmo, com a satisfação e com o prazer que você tem na sua vida. Sem dúvida, é verdade que muitos de nós temos que alterar nosso peso para ficar mais saudáveis, para aproveitar mais a nossa vida e para termos mais chances de não ficar doentes. Para ser saudável, você precisa de uma série de exercícios, bem como de certo equilíbrio em seus hábitos alimentares.

Não confunda "trabalho" com "exercícios". Você pode trabalhar e ficar cansado no fim do dia, mas, se em algum momento desse dia você não exercitar bastante os músculos, você não os estará usando plenamente, e se você não trabalhar com o seu sistema cardiovascular, aumentando o nível de atividade dele por um período de tempo razoável, é também improvável que você aumente essa função. Os exercícios ativam muito o sistema muscular e/ou cardiovascular. Ele o deixa com vontade de descansar, e (a não ser que você esteja nadando) suado.

Um programa de exercícios é fundamental para a saúde mas não para ser magro. (Os presos nos campos de concentração eram muito magros, mas certamente não eram saudáveis!) Por mais que você tente, é impossível criar um sistema muscular em boas condições ou um sistema cardiovascular saudável pela meditação. E eles fazem parte de você e são necessários para se ter um peso saudável — um corpo saudável.

Não há regras a respeito de como elaborar um "bom" programa de exercícios. As pessoas diferem de tantas maneiras, que qualquer regra teria mais exceções do que o número de pessoas que devessem segui-la. Mas há algumas regras práticas — aspectos a serem considerados. Faça regularmente os exercícios — três, quatro ou cinco vezes por semana. Não se esforce a ponto de ficar exausto — estabeleça um programa que o deixe com uma sensação agradável de cansaço. Descubra um tipo de exercício que você aprecie, ou pelo menos que não considere muito desagradável. Depois de definir o seu programa, siga-o com o máximo de disciplina e rigor possível — você fez uma promessa a si mesmo e gostará muito mais da sua pessoa se a cumprir. De um modo geral, as pessoas que estão tentando controlar o peso devem evitar o levantamento de peso e os aparelhos do tipo Nautilus. Você está tentando reintegrar o corpo e a mente num todo que funcione bem, e não apenas desenvolver a musculatura. Mas, nesse caso, também há exceções. Você pode muito bem ser uma delas!

Maureen nunca tivera problemas de peso até que o marido dela a deixou quando ela estava com quase cinqüenta anos. Ela fora criada na cidade de Nova York, morou com os pais enquanto freqüentou a Columbia University, onde estudou ciências humanas, e depois, quando se formou, foi logo para a sua nova casa, com o marido novinho em folha. Passou os vinte anos seguintes cuidando da casa, criando dois filhos e estimulando a carreira do marido. Ela se empenhava muito para ajudá-lo a ser bem-sucedido, economizando cada centavo para que ambos pudessem ter mais dinheiro para investir na empresa dele. Finalmente, o negócio começou a prosperar; então, de repente, tornou-se extremamente lucrativo, e eles ficaram muito bem de vida. Aplicaram dinheiro num fundo universitário para as crianças, mudaram-se para um apartamento bem melhor, e então, num domingo de manhã, ele se levantou, disse a ela que estava indo embora de casa para viver com outra mulher — mais nova — e partiu. Nos dois anos seguintes, Maureen sentiu-se completamente perdida e com piedade de si mesma. A pensão que o ex-marido lhe dava era suficiente para que ela não precisasse trabalhar. Ela ia ao teatro, de vez em quando a museus, assistia a muitos filmes e encontrava-se com amigos, até que estes se cansaram de se solidarizarem com ela. No primeiro ano, ela engordou vinte e três quilos; no segundo, mais dez.

No final do segundo ano, ela estava se sentindo desesperada e sabia que tinha que fazer alguma coisa a respeito da situação, caso contrário iria comer até acabar no túmulo. Começou a procurar um psicoterapeuta. Ela era suficientemente inteligente para saber que, apesar das suas verdadeiras necessidades, tinha que encontrar a pessoa certa, e iniciou a pesquisa que todo mundo tem que fazer hoje em dia para encontrar um terapeuta com quem se possa trabalhar. Os primeiros cinco que ela visitou tinham um consultório bem mobiliado, muito bem localizado e horários relativamente tomados. Eles se vestiam bem, eram educados e tinham diplomas ostentosamente pendurados na parede. Ela percebeu que nenhum deles a via como uma pessoa, como um adulto que sofrera, que se esforçara e dera o melhor de si; todos a encaravam como uma mulher gorda, cujos problemas eles sabiam resolver com a mesma técnica que usavam para todos os outros pacientes. Eles haviam sido treinados para acreditar que só há uma maneira de "fazer" psicoterapia (embora discordassem com relação ao método específico) e que, se a aplicassem a todo o mundo que entrasse no consultório deles, ajudariam a todos os que eram passíveis de tratamento — e era simplesmente lamentável que o resto não fosse. Ela fez uma sessão com cada um desses e continuou a procurar.

A sexta terapeuta que ela conheceu foi bem diferente. Depois da sessão, ela telefonou para uma amiga e disse: "Ela é maravilhosa. Não está tentando me corrigir e sim ajudar para que eu me torne eu mesma. E ela acha que isso seria algo especial. Acho que talvez ela esteja maluca, mas gosto dela e ela gosta de mim. De qualquer modo, ela é a primeira pessoa com quem estive que sabe que eu sou uma pessoa de verdade e não apenas um dos membros da "classe de mulheres gordas que precisam da minha ajuda, pobrezinhas!"

Maureen trabalhou com essa terapeuta durante mais ou menos um ano, e sentiu-se muito melhor a respeito da vida. Começou a freqüentar mais regularmente os museus e a fazer cursos de história da arte numa universidade próxima. Depois de algum tempo, foi aceita num curso de treinamento para docentes no Metropolitan Museam of Art. Depois do treinamento inicial, foi incumbida de dirigir grupos em seções especiais do museu, falando sobre os artistas e os quadros deles. Ela descobriu que apreciava imensamente o que fazia, e aguardava com entusiasmo a hora de se levantar de manhã e ir para o trabalho. À medida que começava a achar a vida mais estimulante, outras pessoas passaram a achá-la mais interessante também. Ela não precisava mais falar a respeito de como a vida fora injusta como ela e com era difícil viver. Sua vida social melhorou.

O único problema com o qual parecia não conseguir lidar era seu peso. Embora explorasse muitas facetas desse problema na psicoterapia — seu medo de como ela se comportaria se fosse muito magra e atraente, sua necessidade de se punir pelo que lhe acontecera, e assim por diante — ela simplesmente não conseguia fazer progressos no sentido de ter um peso saudável. Participou de alguns grupos como os Gulosos Anônimos, mas achou que aquilo não era o que queria. As duas semanas que passou num luxuoso *spa* foram maravilhosas; adorou ser "*paparicada*", massageada e muito bem tratada. Perdeu cinco quilos, mas recuperou-os nas semanas seguintes. Ela concordou com sua terapeuta que, mesmo que pudesse se dar ao luxo de permanecer no *spa* pelo resto da vida, isso não resolveria seus verdadeiros problemas. Ela sabia, em última análise, que tinha que conseguir emagrecer por seu próprio esforço para se conservar mais magra doravante. Resolveu tentar o caminho da meditação. Em seu programa, ela escolheu a meditação da Contemplação, e decidiu trabalhar com uma concha. Depois do período de cinco semanas pelo qual optou, desistiu dessa meditação e experimentou a Contagem da Respiração, com a qual se sentia muito mais à vontade. Como segunda meditação básica, escolheu a do Lótus de Mil Pétalas com a palavra "comida" no centro. Continuou com essas duas últimas durante o tempo todo que trabalhou com o programa. Maureen descobriu que este a ajudava realmente a compreender uma das coisas que ela vinha discutindo na psicoterapia: que nenhuma de suas partes eram separadas umas das outras; que sua história, seus sentimentos e sua filosofia agiam reciprocamente e que não era realmente possível traçar uma linha fixa entre eles; que cada um era um aspecto diferente do seu ser como um todo; que Maureen funcionava como um todo, não como uma reunião de partes. Ela também começou a fazer sua refeição matinal usando a atenção unidirecional e percebeu que sentia menos falta de comida e que avançava aos poucos rumo a uma dieta bem mais saudável pela manhã. Posteriormente, percebeu que o mesmo processo estava ocorrendo nas outras refeições do dia.

No decorrer da nona semana do programa, Maureen foi a um cinema e, pouco antes de o filme começar, ela viu o ex-marido com a nova mulher sentados seis filas à sua frente. Eles estavam rindo e pareciam estar se divertindo muito. Ela ficou muito perturbada e voltou a sentir uma terrível pena de si mesma. Às duas horas da manhã dessa noite, ela ainda estava acordada; saiu da cama, vestiu-se e foi de táxi até um mercadinho que permanecia aberto vinte e quatro horas e que ficava a dez quarteirões de distância.

Ela trouxe para casa duas sacolas grandes cheias de todo tipo de gulodice. Ao espalhar o que comprara na mesa da cozinha, ficou impressionada com a quantidade de comida que comprara. Olhou a caixa aberta de biscoito de chocolate (ela comera meia dúzia a caminho de casa) e resolveu tentar protelar por alguns instantes o seu "banquete". Fez dez minutos de Contagem na Respiração durante os quais se esforçou muito para continuar com o exercício e se concentrar de novo na contagem tão logo começava a devanear. No final do período programado, olhou novamente para o monte de comida em cima da mesa, riu de si mesma, e jurou que seu ex-marido nunca mais iria dirigir sua vida. Jogou o restante dos biscoitos no incinerador e colocou as embalagens fechadas numa grande sacola plástica, que levou no dia seguinte de manhã para um dispensário de comida para os sem-teto. A confiança em si mesma aumentou visivelmente depois desse incidente, mas, por via das dúvidas, ela resolveu acrescentar um mantra ao seu programa durante um mês. Escolheu a frase "Estou no comando da minha vida" e permaneceu com ela pelo período que prometera a si mesma. Depois disso, ela não sentiu mais necessidade de prosseguir com esse mantra.

Depois de pensar muito e de algumas experiências, Maureen escolheu um programa de exercícios para acompanhar a meditação. Ele consistia em uma ida a uma academia do bairro três vezes por semana, onde ela simplesmente andava num ritmo constante sobre uma esteira. Não tentou correr, nem se cansar, nem nada parecido, mas, decorrido os primeiros dez minutos, foi aos poucos aumentando a velocidade da esteira para cinco quilômetros por hora, e ficou fazendo o exercício durante quarenta minutos. Depois, aos poucos foi diminuindo a velocidade, até passar a caminhar lentamente numa média de três quilômetros por hora. Por sugestão da terapeuta, transformou os quarenta minutos centrais numa meditação durante a qual ela simplesmente tentava ficar consciente do que estava fazendo — caminhando — e mais nada. (Este é um exercício muito usado pela escola de desenvolvimento pessoal conhecida como Trabalho de Gurdjieff, e pode ser muito bom para algumas pessoas. Outras tendem a ter a sensação desagradável de que o exercício não é bom para elas. É claro que, neste último caso, as pessoas devem deixar de fazê-lo.) Maureen o considerou um bom exercício, bastante adequado, apesar dos freqüentes períodos em que devaneava involuntariamente. Depois da esteira, ela fazia massagem ou se sentava alguns minutos na sauna; a seguir, tomava uma ducha e descansava durante uma hora. Essa maneira de cuidar de si mesma geralmente fazia com que ela se sentisse ótima e dormisse excepcionalmente bem nessas noites.

No decorrer do ano seguinte, houve mais três ocasiões em que as emoções e os acontecimentos exteriores se combinaram e tornaram difícil para Maureen continuar seu programa. Em duas dessas ocasiões, ela comeu até se fartar. E nas duas ocasiões ela voltou a fazer a meditação do mantra durante um mês. O mais importante, contudo, é que ela aprendeu a não se agredir quando isso acontecia, e sim a sorrir por ter tido as fraquezas e os problemas que nos acompanham por sermos humanos, a reconhecer que tentara, estava se esforçando muito, e que realmente merecia orgulhar-se por conseguir continuar a tentar, e não criticar-se pela sua fraqueza e fragilidade humana.

No momento em que escrevo estas linhas, Maureen já está no programa há mais de um ano. Ela está quase com o peso que gostaria de ter, e está se sentindo bem a respeito de si mesma e da vida em geral. Tem um namorado que parece estar com sérias intenções com relação a ela, mas ela está bem longe de se decidir por um novo casamento. "Ele é uma ótima pessoa, e é muito divertido", diz ela. "Mas ele realmente não é do meu nível!"

· 5 ·

Problemas especiais na meditação

O primeiro problema, que é também o mais comum relatado pelas pessoas que estão praticando a meditação, é que elas simplesmente não conseguem meditar. Elas dizem que não conseguem fazer isso porque devaneiam constantemente, e isso impede que elas se concentrem. Quando se concentram por um breve período de tempo, não conseguem manter a concentração. Ouvi repetidamente esses comentários de pessoas que estão tentando aprender a meditar. Com freqüência, elas desistem, desesperadas, dizendo que definitivamente não conseguem aprender a meditar direito. "Por mais que eu tente", elas freqüentemente me dizem, "acabo devaneando. Não consigo manter a mente no exercício como deveria fazer. Acho que isso simplesmente não é para mim." E desistem.

As pessoas que reagem dessa maneira acham que são diferentes dos outros. Acham que algumas pessoas — a maioria delas, ou quase todo mundo — *consegue* meditar sem se distrair a todo momento, sem divagar constantemente e sem deixar de se concentrar. Esta é uma idéia completamente errada!

"Ninguém aprende a meditar bem." Ninguém. Nem mesmo os míticos "mestres perfeitos" de quem ouvimos falar no movimento da Nova Era. Uma das noviças de Santa Teresa de Ávila lhe disse certa vez que devia ser maravilhoso ser como ela, não ser passional e não se perturbar durante suas orações. Teresa retrucou: "O que você acha que eu sou, uma santa?" Quando perguntaram a São Bernardo, que sabia muita coisa a respeito desses assuntos, com que freqüência, durante suas meditações, ele conseguia ficar absorvido exclusivamente no que estava fazendo, sem que sua mente divagasse, ele replicou com

um suspiro que ainda ecoa através desses longos séculos: "Como é rara a hora e como é breve a sua duração!" Os místicos e estudantes de meditação do Oriente não se saem melhor, mas dificilmente admitem isso.

Meditar é semelhante a caminhar para fazer exercício. Todos temos mais ou menos o mesmo nível de aptidão, embora alguns possam ser um pouco melhores do que outros; mas não muito. Algumas pessoas, contudo, fazem isso mais sistematicamente do que outras. Algumas caminham como parte de um programa de saúde especificamente adaptado às *suas necessidades* em vez de apenas um exercício que elas tiraram da prateleira na loja, um exercício que se adapta mais ou menos a todo mundo mas não é realmente ideal para ninguém. As pessoas que se exercitam sistematicamente como parte de um programa elaborado para elas obtêm melhores resultados do que outras. Mas elas não "caminham melhor" nem se tornam peritas em caminhar. Elas simplesmente fazem isso sistematicamente e como parte de um programa para que os seus *resultados* sejam melhores do que os alcançados pelas pessoas que não fazem essas coisas.

De que modo a sua prática de meditação muda com a experiência? Primeiramente, você aprende a perceber mais depressa quando devaneia, e aprende a se concentrar no trabalho com mais firmeza, amor e facilidade. Você aprende a trabalhar mais sistematicamente. Quando você percebe que está tendo dificuldades com o trabalho, você sorri com mais indulgência e lida com elas com mais tolerância. Finalmente, você também aprende que se sente melhor quando faz seu programa regular de meditação, e sente falta dele quando deixa de praticá-lo. Este fato lhe dá uma motivação extra para ater-se regularmente ao seu programa.

Você não vai melhorando à medida que pratica? Você não tem períodos cada vez mais longos em que apenas "está fazendo os exercícios", em que está desperto, atento, alerta e consciente apenas de uma coisa — da meditação? A resposta neste caso é um "algumas vezes", claro e positivo. É provável que, com o tempo, você se desenvolva no que concerne a uma prática mais característica e estável. Durante algumas sessões, ocorrerão períodos definidos em que você estará realmente "envolvido com a coisa". Estas são as sessões em que constantemente, durante certos períodos de tempo, você segue completamente as orientações, que deu a si mesmo no início. Você sai delas admirado, com a sensação de ter realmente "conseguido!", de estar de certa forma "energizado" e talvez também agradavelmente relaxado, ainda que um pouco cansado. Haverá então sessões que serão o oposto disso. Sessões nas quais sua mente simplesmente parece recusar-se a permanecer fixa em qualquer objeto, e divaga por todos os lugares, dando voltas e voltas como um pião descontrolado, oscilando de um lado para outro como pessoas num navio que "joga". A analogia pode parecer exagerada, mas certamente é assim que nos sentimos algumas vezes. Você sai dessas sessões com certo sentimento de frustração, mas — se tiver cumprido todo o período e se tiver trabalhado o tempo todo — você também se sente bem, de certo modo mais forte, com a sensação de que a sua capacidade de enfrentar problemas aumentou. Uma espécie de "Puxa, se eu consigo passar por uma sessão assim sem ser derrubado, será preciso muito mais para me derrotar. Sou mais duro e mais competente do que eu imaginava". Se, contudo, você tiver desistido a meio caminho, quando nada na sessão parecia dar certo, terá menos confiança em si mesmo e no futuro. Você se sentirá muito pior com relação a si mesmo.

O que costuma acontecer em muitos programas de meditação, exatamente quando sentimos que estamos pegando o jeito do exercício e aprendendo a ter certo domínio, é um período no qual o programa parece perder toda a importância e o propósito. Emocionalmente, você se percebe a si mesmo incapaz de empolgar-se com o motivo pelo qual está fazendo isso. O trabalho perde a graça e fica simplesmente maçante e sem sentido. (Para usar um antigo ditado americano — você se pega "com jacarés até a cintura e não consegue se lembrar por que está limpando o pântano!")

Thomas Merton, o monge trapista que estudou profundamente a meditação durante muitos anos (recomendo particularmente seu livro *The Ascent to Truth*), referiu-se a esses momentos como ocasiões em que sentimos que nossa mente e nossas emoções estão cheias de pó.

Se quando essas sensações ocorrerem você abaixar a cabeça, lembrar-se da promessa que fez a si mesmo, e for fiel ao seu compromisso, esse sentimento passará rapidamente. Se você não fizer isso, se parar ao ponto de começar a devanear, ou se começar a se valer de truques para dar "injeções de energia" em seu trabalho, você arruinará todo o seu programa.

Se parece que estou dizendo que meditar é algo penoso e desagradável, não é este o caso. Meditar é uma aventura estimulante e satisfatória. No entanto, como em qualquer aventura verdadeira, a meditação apresenta armadilhas e momentos difíceis. Se você souber de antemão que eles existem, você será muito mais capaz de anulá-los quando deparar com eles, e é provável que tenha uma jornada bem mais interessante e agradável. Eu não estaria escrevendo este livro, nem teria me mantido envolvido no estudo da meditação todos estes anos, se não estivesse certo de que ela pode oferecer, para a maioria das pessoas, uma maneira útil e fascinante de lidar com muitos problemas, e de que é capaz de nos ajudar a dar seguimento às nossas dificuldades básicas de aprender, durante toda a vida, a viver mais plenamente, com mais intensidade e entusiasmo. O resultado justifica o esforço!

Assim, para encerrar esta análise de um problema particular — se você sente (e é extremamente provável que você sinta de vez em quando) que não consegue meditar bem, você está certo. Os outros também não conseguem! Não espere aprender a meditar bem e não espere melhorar muito à medida que vai avançando, da mesma maneira que você não esperaria chegar a nenhum lugar pedalando uma bicicleta ergométrica na academia. Você certamente não chegará a lugar nenhum, mas o exercício é bom para você, é por isso que você o está fazendo!

O segundo problema mais freqüente nos programas de meditação é o que eu chamo de síndrome do "Eu simplesmente não tenho tempo". Ela é freqüentemente ampliada como "Levo uma vida extremamente ocupada e complicada, e simplesmente não tenho como arranjar meia hora extra por dia. Afinal de contas, preciso ganhar a vida, e cuidar dos filhos, e ir diariamente a todos os lugares da minha programação, e certificar-me de que minhas roupas estarão prontas para amanhã, e... e assim por diante." Isso é com freqüência sentido e apresentado como "Eu estava indo muito bem, até que o meu chefe me deu uma tarefa extra, as crianças pegaram catapora, a geladeira quebrou", etc.

Sim, é sempre difícil para quase todos nós arranjar a meia hora extra que podemos usar para realmente tomar conta de nós mesmos. As exigências do mundo exterior — quer dizer, exterior à nossa consciência — são freqüentemente consideráveis e complexas. Antes de iniciar um programa de meditação, você deve ter bem claras as suas prioridades. Qual a importância de você ter um peso saudável? Leve alguns minutos realmente analisando essa questão. O objetivo é suficientemente importante para que você reserve meia hora por dia para a sua realização e, depois, cumpra a promessa que fez a si mesmo? Se não for, *não comece o programa.*

Sem dúvida, há realmente situações de emergência. Afirmei no Capítulo 1 que, quando a emergência implicar uma ambulância ou o corpo de bombeiros chegando à sua casa, ela certamente tem precedência. Excetuando-se, porém, esse tipo de coisa, você e eu sabemos que sempre podemos arranjar a meia hora necessária se considerarmos importantes nosso peso e nossa saúde. Quão importantes? Isso você tem que decidir sozinho. Só posso lhe dizer de antemão que um dos obstáculos mais comuns à meditação é a sensação de que estamos sendo pressionados pelos acontecimentos externos e não podemos encontrar o tempo ou a energia necessários para cuidar de nós mesmos. Além disso, posso afirmar, baseado numa longa experiência pessoal, além de minha experiência no ensino da meditação que, se você ceder a esse sentimento (a não ser no caso da ambulância ou do corpo de bombeiros), ficará cada vez mais difícil arranjar o tempo necessário, e você acabará por perder todo o programa. No entanto, se você arranjar o tempo, mesmo que tenha que se dedicar ao seu programa tarde da noite, quando estiver cansado, o tempo e a energia começarão a "aparecer" e se tornarão cada vez mais fáceis de ser encontrados com o passar dos dias. A longa experiência nos ensinou que essa é a melhor maneira de lidar com o problema, e que para as pessoas que começam um programa de meditação, esse é um obstáculo realmente muito comum.

Outro problema que ocorre freqüentemente quando usamos um programa de meditação para alcançar um objetivo específico — como o peso ideal — é a crença de que não estamos "prontos" para fazê-lo. Você diz para si mesmo: "Tenho muitos problemas não resolvidos na minha infância para poder realmente cuidar de mim mesmo." Essa crença assume muitas formas específicas: "Não posso levar o meu peso para um nível saudável porque, inconscientemente, não acredito que mereço isso." Ou "Preciso permanecer acima do meu peso para continuar pouco atraente para o sexo oposto". Ou "Não posso perder peso porque é o peso extra que me ajuda a controlar minhas emoções inaceitáveis". Ou outras variações em torno desse tema.

Todas essas afirmações, ou algumas delas podem ser razões inconscientes para você ter inutilizado velhos programas de perda de peso, e para fazer a mesma coisa de novo. Se esses sentimentos forem muito fortes para que você os controle por meio da vontade e da determinação, você talvez precise da ajuda de um programa de psicoterapia. Mais cedo ou mais tarde, porém, você terá de assumir o comando — decida quem está dirigindo a sua vida: você, como você é agora, ou os sentimentos inconscientes da sua infância. Quando você tomar a decisão de que tem que ser você do modo como é agora, você estará pronto para realizar a tarefa!

(Tudo o que foi dito acima se aplica, é claro, à loucura inconsciente que faz você querer ser magro demais, bem como à que faz você querer ficar excessivamente gordo. Ambos são impulsos igualmente neuróticos.)

É bem verdade que "força de vontade" é um termo muito impopular hoje em dia, tanto nos círculos sofisticados como no meio psicológico e psiquiátrico. Trata-se, em grande parte, de uma reação ao seu uso exagerado, tanto no século passado como no início do atual. Em alguns grupos, contudo, essa aversão foi levada a extremos que beiram o ridículo. (Não é verdade que você será imediatamente expulso de qualquer escola de psicoterapia se o pegarem falando a respeito da força de vontade, mas você certamente será reprovado no curso específico no qual você a mencionou! Além de ser encaminhado para mais sessões de psicoterapia!)

Há ocasiões, contudo, em que é necessário dizer: "O meu patrão sou eu, e não as minhas experiências da infância", e agir então como se assim fosse. A idéia de que você está indefeso diante de seus impulsos neuróticos é comum hoje em dia, mas provavelmente o ajudou a chegar à posição em que está agora se você estiver lendo este livro. Está na hora de descartá-la em prol de uma idéia melhor!

É sem dúvida prudente, antes de iniciar qualquer programa novo que envolve o seu corpo físico, fazer uma visita ao médico. Você pode ter um problema físico que afete o seu peso. Examinar sua fisiologia, porém, é muito diferente de não resolver o problema do peso por causa de problemas emocionais. Certifique-se de que não há nenhum problema endocrinológico, ou qualquer outro problema físico; você pode, por exemplo, precisar de um medicamento para a tireóide. Resolvido esse assunto, ponha mãos à obra.

Outro tipo de problema especial relacionado com a obtenção de um peso adequado ocorre nos momentos em que descansamos e relaxamos, afastando-nos da nossa rotina habitual. "Eu estava indo bem com o programa até que fui fazer aquele cruzeiro [saí de férias, hospedei-me num hotel, etc.] onde eles serviam cinco refeições por dia, todo mundo comia o tempo todo, a comida já estava paga e parecia muito apetitosa", etc. Ou "O programa estava indo bem até que os meus amigos [parentes, etc.] vieram me visitar, e passamos um bom tempo na mesa conversando, e eles queriam sair para jantar quase todas as noites", etc. Há outras variações em torno desse tema, mas você as reconhecerá e poderá identificar as que mais têm que ver com você.

Vamos examinar essas declarações plausíveis. Traduzidas para um português sincero, elas querem dizer o seguinte: "Deixo que as outras pessoas e as circunstâncias exteriores escolham os meus hábitos alimentares e ditem a maneira como trato meu corpo e a mim mesmo. Aceito as oportunidades que me são oferecidas de desistir desta dieta incômoda e deste programa de meditação." Quando expostas desta maneira, essas afirmações são bem menos plausíveis. Elas se parecem mais com o que realmente são: desculpas.

As férias ou um cruzeiro são um tempo para *você*. Você não está trabalhando para sustentar a família, para ter apenas uma aposentadoria, para liqüidar a hipoteca, aumentar o fundo universitário dos filhos, ou qualquer outra coisa desse tipo. Esse tempo é para você, e você pode resolver de antemão que ele será usado para o que há de melhor em você. É uma oportunidade de colocar em dia o sono, os exercícios, é tempo de ler romances "leves", de respirar ar puro, de ver novas paisagens, de fazer coisas diferentes e, talvez, de ter idéias novas. É uma ocasião para adquirir mais energia e desenvolver capacidades positivas, e não, como provavelmente você fez no passado, reforçar as negativas.

Você saberá com antecipação quando irá sair de férias e (geralmente) quando irá receber a visita de amigos ou de parentes. Antes de isso acontecer — duas ou mais semanas antes — aja como se estivesse passando por um período de tensão. Acrescente ao seu programa uma das meditações do Capítulo 4. Depois, durante as férias ou a visita, *mantenha o programa*. Quase sempre haverá tempo se você agir como se a sua prática fosse uma necessidade. Você terá mais confiança em si mesmo e se sentirá melhor a respeito de levar a cabo o programa durante as férias.

Você não precisa ser exagerado nem exibicionista a respeito disso. Prove a boa comida servida na sala de jantar do navio ou no restaurante favorito do seu parente, se sentir vontade. Mas coma pouco. Você achará as guloseimas apetitosas se comer apenas uma colherada ou o prato inteiro. E se você comer apenas uma ou duas colheradas, ficará muito mais satisfeito consigo mesmo e apreciará muito mais o cruzeiro. Adlai Stevenson costumava contar a história da menina a quem perguntaram, na escola, se sabia soletrar "banana". Ela respondeu: "Eu sei soletrar banana, mas nunca sei quando devo parar." Ao tentar alcançar seu peso ideal, siga a regra geral de comer um pouco de cada prato e parar. Você se sentirá muito melhor assim!

O que escrevi aqui também se aplica, é claro, às ocasiões em que você está sob forte tensão emocional. Você descobre, de repente, que uma vizinha com quem você tinha o que imaginava ser um longo e dedicado relacionamento entrou com uma ação na justiça pleiteando uma parte do seu terreno, sob a alegação de que ela freqüentemente estacionava o carro no local e que, por conseguinte, esse trecho do terreno agora pertence a ela. Ou então lhe dizem que três das quatro pessoas do departamento em que você trabalha serão despedidas em um mês, e que só então você será informado se é uma das três ou se é a quarta pessoa (a de sorte); ou seu filho é preso por tráfico de drogas em Cleveland, onde você achava que ele estava freqüentando a faculdade e que estava prestes a se formar em engenharia. Ou a empresa onde você trabalha resolveu eliminar alguns cargos, e você perdeu um emprego de vinte e três anos, e não parece haver nenhuma função no país para a qual você não seja subqualificado ou superqualificado.

Esse tipo de situação desagradável ocorre a todos nós numa ou noutra ocasião. Ele é real, extremamente doloroso e nos abala profundamente. É fácil e natural a gente dizer nesses momentos: "Para mim é demais. Tenho tanto com que me preocupar e tantas coisas para cuidar que simplesmente não tenho nem tempo nem energia para continuar com esta meditação idiota, nem com esta dieta. Pelo menos, posso ter o prazer de comer até que as coisas se acalmem, e depois, se elas algum dia melhorarem e eu ainda estiver vivo, voltarei ao programa."

O significado disso é que as coisas estão tão difíceis que você vai desistir do pouco controle que ainda tem sobre o seu destino e unir-se às forças do universo que parecem dispostas a destruí-lo. Você está dizendo que, como as coisas parecem estar contra você, você vai se unir a elas e colocar-se contra a sua saúde e contra o que resta do seu senso de bem-estar e de autonomia. Para tornar isso claro, o que *realmente* lhe daria mais prazer: a porção extra de comida, a sobremesa no jantar e o sorvete na hora de dormir, ou o conhecimento de que "eles" não conseguiram derrotá-lo, de que você ainda está na ativa, lutando para ter saúde e bem-estar? O sabor e a lembrança daquele *sundae* rapidamente desaparecerão; o sentimento de bem-estar que você obtém ao permanecer no seu programa durará muito mais. E será uma ajuda muito maior em qualquer luta com o mundo com a qual você esteja envolvido agora e no futuro.

Os momentos mais difíceis são aqueles em que estamos sofrendo profundamente por causa da morte de um ente querido. Atravessamos melhor esses períodos aceitando a nossa dor, a nossa tristeza e a nossa mágoa. Cada um de nós, é claro, expressa o que sente à sua própria maneira, desde "bancar o durão" a deixar que os outros nos vejam chorar. Não obstante, há uma coisa que todos podemos fazer nessas ocasiões — perguntar a nós mesmos o que as pessoas que perdemos desejariam para nós. Eles desejariam que a morte delas nos abatesse e destruísse, ou quereriam que avançássemos em direção a um desenvolvimento maior? Elas desejariam para nós um maior ou um menor amadurecimento, que nos entregássemos a padrões neuróticos ou o inverso, que ficássemos mais ou menos saudáveis? Depois, compreendendo a resposta a essas perguntas, podemos tentar usar nosso amor por elas para satisfazer o que elas teriam desejado para nós nesses momentos terrivelmente difíceis e dolorosos.

Herbert e David Spiegel trabalharam muito na área do tratamento psicológico de vários distúrbios. Em seu importante livro *Trance and Treatment*,* eles oferecem duas excelentes diretrizes para a obtenção de um peso saudável.

> *A primeira diretriz é a seguinte: sempre, sempre, coma com respeito pelo seu corpo. Porque, se você respeitar o seu corpo, provavelmente você nunca o considerará uma lata de lixo. A parte mais importante dessa perspectiva é que você evita a maior armadilha de todas, que é dizer a si mesmo "Não coma isso". Uma vez que você caia nessa armadilha, você está perdendo. É como dizer a si mesmo: "Não tenha uma coceira no nariz." Você entende? Ou "Tente pensar em não engolir". As pessoas livres não gostam que lhes digam para "não fazerem alguma coisa". Quando Deus disse para Adão e Eva: "Não comam a maçã", isso foi o fim do Paraíso. Esta é a observação básica a respeito da condição humana. Por que não fazer uso desse conhecimento se você quiser criar uma estratégia que possa funcionar? Você pode usá-la desta maneira: inverta-a, e você terá um corolário, porque uma maneira bem mais eficaz de mudar um comportamento é fazê-lo baseando-se em algo que você defenda. Assim, se você adotar esse tipo de abordagem, você respeitará e protegerá o seu corpo. Enquanto você estiver protegendo o seu corpo do excesso de comida, você pode mudar radicalmente o seu comportamento, mas a sensação que você tem é: "Sim, eu respeito o meu corpo" em vez de "Não coma isso".*
>
> *A segunda diretriz vai surpreendê-lo. Aprenda a comer como*

---

* *Washington D.C.: American Psychiatric Press, 1978.*

um gourmet. *Por que um* gourmet? *Porque ele presta atenção a cada coisa que engole. Cada vez que ele engole, degusta profundamente a comida. Tem consciência da consistência, do gosto, do aroma e da temperatura da comida, e o envolvimento dele é tão completo, que é incrível como obtém tanta satisfação e prazer de cada bocado. Com efeito, todo este processo não só o ajuda a mudar radicalmente os seus hábitos alimentares, como também lhe devolve o prazer de comer. O* gourmet *não comete o erro de dizer: "Oh, engoli aquela comida, mas não me lembro do gosto dela; é melhor eu provar mais um pedacinho." O motivo pelo qual o* gourmet *não comete esse erro é que cada bocado representa um envolvimento tão grande, que sua lembrança continua com ele. Ele não precisa ficar o tempo todo se alimentando porque ele conhece plenamente a experiência. O estereótipo de que os* gourmets *são gordos simplesmente não é verdadeiro. A maioria dos grandes* gourmets *do mundo têm um peso normal ou têm o peso abaixo da média.*

Estas duas diretrizes trabalham claramente na mesma direção do programa de meditação oferecido neste livro. A semelhança, por exemplo, entre a segunda diretriz e a meditação de pensar apenas na comida é óbvia.

· 6 ·

A preparação de um programa pessoal de controle de peso

Venho enfatizando até aqui, e vou continuar a enfatizar, a necessidade de você preparar um programa só para você. Para que esse programa seja o mais eficaz possível, ele precisa ser exclusivamente seu e não um programa que você tenha "pegado pronto". Suas impressões digitais, o tipo da sua retina, a química do seu corpo, sua herança genética e suas experiências de vida são suas e de mais ninguém. Analogamente, um programa que vise alcançar um peso ideal também deve ser pessoal. Ofereci opções de meditação que você pode usar para elaborar o melhor programa para você sem apresentar um número excessivo delas; caso contrário, você poderia ficar indeciso na escolha. Além disso, não há nada sagrado ou estabelecido a respeito de qualquer meditação específica, a não ser a disciplina que envolve realmente esforçar-se para fazer uma coisa de cada vez e cumprir as promessas que você fez a si mesmo sendo fiel ao tipo escolhido durante o período de tempo que você determinou. Ofereci as formas que, depois de algumas experiências, me levaram a acreditar que são as melhores para a maioria das pessoas hoje em dia, mas se você estiver fazendo a Contagem da Respiração e quiser contar suas exalações *e* inalações, ou contar até dez em vez de até quatro — ótimo! Escolha a forma que você prefere e defina a duração de cada sessão, quantas semanas terá o próximo período de trabalho e, depois, vá em frente. No final do período, faça uma reavaliação, experimente um pouco mais se quiser, e parta então rumo à etapa seguinte!

Aprendemos a importância deste fato na meditação depois de uma longa experiência. Não há uma maneira correta de meditar que seja adequada a todo mundo. Cada pessoa precisa encontrar a forma que melhor se adapte às suas necessidades. Uma das razões pelas quais há tantos "fracassos" na meditação é que a maioria das escolas e dos professores de meditação acredita que *existe* uma maneira certa para todo mundo e que, por uma curiosa coincidência, ela é exatamente a que aprenderam com o seu mestre e com a sua escola! Ela pode, com efeito, *ser* a melhor maneira para eles como pessoas, mas não é adequada para todo mundo, e assim, muitas pessoas, depois de a experimentarem, percebem que algo está errado, e abandonam o programa. Essas pessoas passam então a acreditar que tentaram meditar e que não conseguiram, e geralmente não procuram outros caminhos de meditação.

Todos os programas sérios de meditação apresentam alguns aspectos fundamentais: a busca constante da "concentração em uma coisa só", da "atenção pura" (em algumas escolas, isso se chama "atenção coerente") — ou seja, disciplinar a mente para fazer uma coisa de cada vez, cumprir as promessas feitas a si mesmo, aprender a cuidar de si mesmo de uma maneira carinhosa porém exigindo sempre o melhor, são aspectos constantes. Além dessas atitudes, as formas específicas, ou se você trabalha sentado numa cadeira de braços, na posição de lótus, com as pernas cruzadas, deitado confortavelmente no chão, caminhando numa área tranqüila, ou de qualquer outra maneira, são coisas que você tem que resolver. É você que tem de decidir se é melhor para você trabalhar uma ou duas vezes por dia, quatro, cinco, seis ou sete vezes por semana e durante períodos que variam de quatro a oito semanas como uma promessa específica para si mesmo.

À medida que você progride, se você resolver ir além do seu esforço para ter um bom peso, e se resolver elaborar um programa de meditação para o seu desenvolvimento global, você poderá descobrir que é melhor para você trabalhar com uma meditação específica, ou com uma combinação especialmente escolhida desses diferentes caminhos. Há, por exemplos, os métodos da meditação física, como o Hatha Yoga, a Percepção Sensorial (o método Ginfler), Tai Chi, ou o método Alexander. Há métodos de meditação que enfatizam o trabalho por meio das emoções, como o Bhakti Yoga e várias formas criadas em grupos religiosos ocidentais. Há formas de trabalho de meditação que enfatizam o caminho intelectual como Ynana Yoga, o Trabalho de Gurdjieff, o Hassidismo Habad, e outros. Há métodos que enfatizam a meditação por meio de certas atitudes durante o trabalho, com o Karma Yoga, o Pequeno Caminho de Santa Teresa de Lisieux, o Caminho da Ação, e outros. Qualquer pessoa desejosa de usar o caminho da meditação por um longo prazo e um desenvolvimento global deveria examinar essas possibilidades e escolher um, ou uma combinação de alguns, que seja melhor para ela como um indivíduo único e inigualável.

Seja qual for o método que você decida usar para se desenvolver e mudar, para avançar em direção à sua vontade potencial individual, ele exigirá, infelizmente, um trabalho longo e árduo. Não há um caminho fácil. A mudança e o desenvolvimento são muito difíceis. Eles exigem um esforço sério e contínuo.

Essas afirmações parecem muito fortes, mas os que já fizeram sérias tentativas de mudar e de se desenvolver além do ponto onde estão agora certamente atestarão a sua veracidade. Ao trabalharmos para ter um peso ideal, precisamos individualizar não apenas nosso trabalho de meditação como também os outros aspectos do nosso trabalho que visam a isso. Examinemos alguns desses aspectos.

Mencionei no Capítulo 1 a necessidade de você escolher uma dieta que se adapte a você e não seja simplesmente a dieta que está em moda no momento. Procure um nutricionista se tiver vontade, mas escolha um profissional que não decida qual a dieta correta antes de analisar com você os seus hábitos alimentares, quais os alimentos que lhe dão energia e não fazem você "sucumbir" depois, quais os alimentos que o viciam, ou seja, os que você começa a comer e não tem vontade de parar mais, até ficar farto e ainda assim se sente insatisfeito, etc. Além disso, deve haver uma discussão em torno dos melhores padrões alimentares para você — você é por natureza uma pessoa que gosta de fazer duas, três ou quatro refeições por dia, alguém que gosta de fazer lanches e que belisca o dia inteiro, ou é de alguma outra maneira? Mandei certa vez uma amiga com um grave problema no coração para uma nutricionista. Essa amiga era uma dessas pessoas que não conseguem se concentrar durante as primeiras horas do dia. Ela trabalhava em casa, e de manhã, antes de ir para o escritório no final do corredor para atender seu primeiro cliente, tudo o que conseguia fazer era ligar a cafeteira elétrica onde já preparara o café na noite anterior, e ficar de pé, balançando as pernas de maneira inquieta, enquanto esquentava o café. Como ela se sentia fortemente motivada para fazer uma dieta se lhe fosse prescrito, ela também poderia ter tirado algum suco ou alguma fruta da geladeira, ou até mesmo se obrigar a preparar uma torrada ou um prato frio de flocos de cereal. A nutricionista prescreveu uma dieta muito boa para o caso dela, mas que exigiria que diariamente, no café da manhã, ela fizesse sucos, moesse os alimentos e batesse frutas no liqüidificador. A dieta foi totalmente descabida para ela. Essa dieta podia ser teoricamente adequada para o seu problema, mas a nutricionista se esqueceu de que não estava tratando um problema, mas uma pessoa específica com um problema particular. Este é um exemplo meio radical, mas a maioria das dietas não funciona porque são elaboradas para um grupo genérico de pessoas e não existem pessoas genéricas. Todas são específicas!

É claro que há regras gerais para as dietas que incluem coisas como calorias, colesterol, e assim por diante. É importante conhecê-las, e no caso um nutricionista pode ser extremamente útil. Mas você provavelmente pode fazer o trabalho sozinho por meio de uma leitura cuidadosa. (Leia livros e artigos sérios. Despreze todas as dietas inventadas ou recomendadas pelo *National Enquirer* e outras semelhantes.) O principal, porém, é compará-las com a sua experiência pessoal, experimentar o que você acha que faz sentido para você e ver como as coisas funcionam. Há um antigo manuscrito, o Kalama Sutra, que geralmente acredita-se tenha sido escrito pelo Buda. Um trecho dele diz:

> *Não acredite na força das tradições, mesmo que elas tenham sido aceitas durante muitas gerações e em muitos lugares; não acredite em alguma coisa apenas porque muitas pessoas falam dela; não acredite na força das sagas dos tempos antigos; não acredite no que você imaginou pensando que um Deus o inspirou. Não acredite em nada que dependa da autoridade dos seus mestres ou dos sacerdotes. Depois de investigar, acredite naquilo que você testou, e que é bom para você e para os outros.*

Estas são regras boas de serem seguidas quando você escolher os elementos de um programa para a sua saúde, para o seu desenvolvimento e para um peso ideal.

Se a sua dieta incluir, como provavelmente inclui, suplementos vitamínicos ou minerais, mais uma vez resolva qual o tipo, a quantidade e a freqüência da ingestão desses suplementos baseado em quem você é e não no que é recomendado nas publicações populares ou mesmo nas científicas. O que vou dizer parece tão óbvio, que nem deveria ser mencionado, mas geralmente é desconsiderado. Se eu tenho um metro e noventa de altura e peso 134 quilos, e se você tem um metro e cinqüenta e cinco e pesa 73 quilos, deveria estar claro que a quantidade de vitamina C adequada para você não é a mesma para mim. E se eu fumo e moro numa cidade onde inalo uma quantidade bem maior de poluentes do que você, e se você toma pílula, estes são fatores que eu e você temos que levar em consideração na nossa ida mensal à loja de produtos naturais. Não obstante, por estranho que possa parecer, a maioria das pessoas não dá atenção a esses fatores e escolhe os suplementos que vão acrescentar à sua dieta com base na recomendação contida no rótulo dos frascos, ou em função de alguma coisa que ouviram em algum lugar. E elas tomam uma quantidade estabelecida previamente de seja lá o que for e nunca se preocupam com o que isso significa, nem com quem determinou a quantidade, tampouco para quem ela se destina. Essas coisas freqüentemente são determinadas por razões que pouco têm que ver com sua saúde individual. Há alguns anos, foi feita uma pesquisa com um grande número de médicos. Eles receberam dois questionários com várias semanas de intervalo entre um e outro. No primeiro, foram solicitados muitos dados pessoais, inclusive o peso do médico. No segundo, foi-lhes pedida uma opinião profissional a respeito de vários itens, inclusive a definição que é dada a "obesidade". Em quase todos os casos, eles definiram a obesidade como começando alguns quilos acima do peso deles.

Vários tipos de suplementos podem representar um valioso acréscimo à sua dieta, mas escolha-os de preferência junto com alguém que conheça algo sobre eles, ou então consultando um bom livro, baseando-se em si mesmo e no seu estilo de vida em vez de em algum especialista cujo anúncio você viu em algum lugar. Ao tomar esses complementos, lembre-se de que nem sempre mais é sinônimo de melhor. Certa quantidade de vitamina A, por exemplo, acrescentada ao seu consumo diário, pode fazer-lhe muito bem, sendo capaz de beneficiá-lo de muitas maneiras; um excesso pode fazer você baixar ao hospital.

A importância da individualização em todos os níveis não pode ser superestimada, e é geralmente subestimada. Já há muitos anos, o psiquiatra Herbert Spiegel vem tentando convencer seus colegas da área da saúde de que os pacientes precisam de tipos diferentes de tratamento psicoterapêutico; que eles precisam de formas diferentes de preparação para os diversos tipos de tensão, como o relacionado com uma cirurgia, bem como dos diferentes tipos de ajuda no tratamento da dor causada pela morte de um ente querido, das alergias e de milhares de outras coisas. Seus dados são claros e seus textos são científicos, agradáveis de ler e apareceram nas publicações mais respeitadas, bem como em seus livros. Mas a idéia moderna de que o que é bom para um é bom para todos é tão forte, que Spiegel não conseguiu exercer muita influência. Quase todos os psicoterapeutas (como os professores de meditação citados anteriormente) acreditam que há um único método correto de psicoterapia para todos os pacientes, e que esse método é exatamente aquele que eles aprenderam com o seu professor. Os esforços de colegas como Spiegel e os de seus pacientes geralmente fracassam. A maioria das pessoas gosta de que as coisas sejam simples, e é bem mais simples acreditar que há um único caminho correto (quer estejamos lidando com psicoterapia, meditação, ou qualquer outra coisa) do que enfrentar a complexidade de todo mundo ser diferente e ter que lidar com a implicação bastante real deste fato. Infelizmente, para o nosso bem-estar, todo mundo *efetivamente é* diferente e este fato tem sérias implicações.

O exercício e os aspectos de movimento do seu programa também devem ser individualizados e elaborados para você, em vez de tirados da prateleira ou dos *best-sellers* do momento. Se você estiver pronto para acrescentar exercícios ao seu programa para alcançar um peso ideal, ou modificar o que você vem usando, olhe ao seu redor. O que o atrai? Descubra um tipo de exercício que você aprecie, que o deixe se sentindo bem depois de uma sessão. É possível que o exercício mais popular no momento seja o melhor para você agora. Se for este o caso, vá em frente! Mas não espere que seja isso o que vai acontecer. Se acontecer, foi apenas uma coincidência. A amplitude é bem vasta, e se o que vou escrever não fosse com tanta freqüência menosprezado, eu não acharia necessário dizer que você deve levar em conta a sua saúde de um modo geral, quaisquer problemas físicos que você possa ter, seus tipos anteriores de exercício, a sua idade, e o que o seu médico recomenda como seus limites neste momento. A amplitude potencial dos exercícios ou combinações de exercícios (não há nenhum motivo, a não ser o preconceito popular, para que o seu programa de exercícios seja composto apenas por um tipo de movimento) é muito grande. Pode ser que você queira combinar dois ou três no seu programa específico. Dançar quadrilha duas vezes por semana, nadar duas vezes por semana e fazer uma longa caminhada aos domingos é um programa tão razoável quanto percorrer três ou quatro manhãs por semana o mesmo número de quilômetros fazendo *jogging*. Você poderá descobrir que exercitar-se cinco dias por semana numa máquina de remar enquanto assiste a "The A Team" é o que você prefere fazer no momento. Ótimo! Em cinco meses, você poderá mudar de idéia e achar que um jogo de handebol entre quatro paredes no clube de atletismo três vezes por semana, e um longo período de natação às quartas e sábados são perfeitos para você. Escolha um programa, permaneça com ele por um período de tempo razoável, e depois faça uma reavaliação. Você poderá decidir-se a ficar com ele ou mudar. O importante é ouvir e observar quem você é e o que precisa neste momento da sua vida e do seu desenvolvimento.

Levando em conta o que dissemos acima, deve estar claro que, se você se decidir por um grupo de apoio, um psicoterapeuta para consultas particulares ou uma terapia de grupo como parte do seu trabalho, você deve escolhê-los cuidadosamente em função do que você prefere, e não em função do que a sociedade local, a subcultura local, a revista *Prevention* ou o *New England Journal of Medicine* recomenda!

O sábio Isaac Luria escreveu no século XVI: "Há 600.000 tipos de pessoas. Cada tipo tem uma alma-raiz, e precisa de um tipo diferente de alimento para alcançar o seu desenvolvimento total. A tarefa de cada pessoa é descobrir a qual dos 600.000 tipos ela pertence, e, assim, encontrar o alimento específico necessário para alcançar a plenitude do ser."

Não sei por que Isaac Luria escolheu o número 600.000. Pessoalmente, eu diria que o número de tipos humanos é igual ao número de pessoas. Vamos, pois, tentar descobrir o tipo de alimento que precisamos para alcançar o nosso total desenvolvimento. E saber que ele será diferente para cada um de nós.

Um comentário final sobre este assunto. Escrevi repetidamente que não há um meio apropriado para todo o mundo. Esta afirmação inclui a meditação. Para algumas pessoas, ela é uma excelente maneira de resolver problemas, para a grande maioria, ela é uma boa maneira, para algumas outras, não é relevante. Se depois de trabalhar seriamente com ela, de oito a dezesseis semanas, você descobrir que a meditação não é adequada para você, não faça críticas a si mesmo por causa disso. (Se o fizer, só agravará o seu problema de peso!) Pelo menos você terá passado por uma "aventura" em termos de concentração e terá aprendido bastante a respeito de si mesmo. Você ter-se-á beneficiado com a experiência, mesmo que a meditação não seja a maneira correta para você resolver o seu problema de peso.

Há uma grande variedade de fatores na sua estrutura genética e nas suas experiências de vida que poderão colocá-lo na categoria "excelente", "boa" ou irrelevante. O que você tem a fazer se, depois de trabalhar seriamente, descobrir que a meditação não é para você, é explorar alguns dos outros caminhos voltados para a solução de problemas. Dentre estes estão a psicoterapia (com a necessária pesquisa prévia que você provavelmente terá que fazer), grupos como os Gulosos Anônimos, *spas* e melhorar sua vida em outras áreas a fim de mudar a sua ecologia global. Seja qual for a experiência mais apropriada a você neste ponto do seu desenvolvimento, desejo-lhe boa sorte!

Elizabeth, com quarenta e seis anos de idade, estava tão confusa a respeito da sua vida quanto uma adolescente de treze — talvez mais ainda. Ela se casara aos dezoito anos com um homem que tinha quase o dobro da sua idade, e logo descobriu que ele queria uma escrava, não uma companheira. Quanto mais tempo eles viviam juntos, mais assustada ela ficava. Mas ela não tinha a menor idéia de que talvez tivesse algumas escolhas; em vez disso, ela deu à luz seis crianças que se tornaram servas de seu marido. Ele nunca as agrediu fisicamente, mas parecia ter um enorme poder não apenas sobre sua família mas também sobre as outras pessoas. Ele se tornou um grande magnata usando a mesma técnica de persuasão agressiva, e Elizabeth imaginava que tinha sorte por ter uma mansão, um carro e roupas bonitas. A única falha em tudo isso era que, com quase todos os filhos crescidos, ela ficou chocada ao descobrir que nunca vivera e que era como se não existisse. Esta constatação começou a lhe ocorrer no seu quadragésimo aniversário; a cada ano que passava, ela engordava cerca de cinco quilos. Aos quarenta e seis anos, teve uma ataque do coração e descobriu, surpresa, que queria viver.

Ela conseguiu perder quase vinte e cinco quilos num *spa*. Nessa ocasião, percebeu que detestava a idéia de ir para casa. Seu marido gostou da sua nova aparência e recebeu-a quando ela voltou com uma lista de compromissos sociais, inclusive um jantar para quarenta dos seus colegas mais íntimos no ramo de negócios.

Elizabeth teve de imediato um colapso nervoso, foi hospitalizada e conheceu um psiquiatra que lhe disse: "Você não pode resolver seus problemas perdendo peso; a principal prioridade é descobrir se você é uma pessoa de verdade."

Ela começou um programa de meditação no hospital. Fazia vinte minutos de Contagem da Respiração todas as manhãs e se concentrava apenas na comida numa refeição por dia. Também quis usar um mantra, e escolheu a frase: "Estou no comando da minha vida." Ela entoava o mantra durante vinte minutos de manhã e à tarde. Pela manhã, ela o fazia quase em silêncio, sentada na sala de estar. À tarde, fazia isso num tom mais alto, caminhando no terreno do hospital. No decorrer das primeiras semanas, não parecia conseguir cumprir sistematicamente o programa todos os dias. "Esquecia" ou "algo acontecia justamente quando ela estava começando". Depois, aos poucos, começou a perceber que se sentia melhor, mais forte e segura nos dias em que fazia os exercícios, mais do que nos dias em que não fazia. Aos poucos, começou a ser mais sistemática, e passou a fazê-los regularmente. Depois de três meses, ela não estava mais pulando dias.

Ela contou ao seu terapeuta que durante toda a vida as pessoas haviam feito coisas a ela e para ela. Isso, disse ela, incluía a hospitalização e, até certo ponto, a psicoterapia. Ela sentia que o programa de meditação era a primeira coisa séria que havia feito para si mesma.

Como programa de exercício, ela escolheu, no hospital, uma aula que combinava a dança com exercícios. Começou com meia hora por dia três vezes por semana e, depois, passou a fazer uma hora de aula. Depois de receber alta, continuou a ter aulas numa academia perto de casa.

Elizabeth deixou o hospital seis meses depois. Então, matriculou-se numa faculdade próxima e divorciou-se do marido. "Comecei a perder peso, lenta porém sistematicamente. Quando recebi meu diploma em Educação da Primeira Fase da Infância, eu descobrira que eu existia! Que revelação! Meu problema nunca foi ser gorda, e sim descobrir que eu tinha direitos."

• 7 •

Seguir em frente: A vida depois da dieta

Você chegou agora ao lugar que você definiu ao começar este trabalho. Ou pelo menos você reconhece que está bem adiantado no caminho. Você tem um programa de meditação que o está ajudando a avançar rumo à conquista de um peso ideal. Talvez você ainda não o tenha atingido, mas sua aventura está bem adiantada. Sua confiança em si mesmo, de um modo geral, e especificamente na sua capacidade de controlar seu peso, aumentou acentuadamente quando você passou por alguns períodos de muita tensão sem abandonar o programa que você havia selecionado e prometido a si mesmo que iria seguir.

É chegada a hora do próximo passo. O fato de perder o controle do peso, que fez você comprar este livro, não foi algo que simplesmente "aconteceu" a você. A vida não é realmente assim, embora seja mais fácil e mais simples pensar que ela é. As coisas não nos acontecem simplesmente. Nós, seres humanos, com aspectos físicos, emocionais, mentais e espirituais, reagimos ao nosso ambiente como um todo, desde a temperatura e a pressão do ar ao comportamento das outras pessoas e ao clima político em que vivemos. Não há, como observou certa vez o filósofo William James, nenhum ponto definido entre a fisiologia e a filosofia de uma pessoa. Fazemos parte de um único conjunto; nenhuma de nossas partes é separada das outras. Mesmo quando somos expostos às bactérias ou aos vírus de uma doença, a maneira como reagimos a eles é determinada não apenas pela virulência das bactérias e dos vírus, mas pela condição global (e isso inclui os aspectos físicos, mental, emocional e espiritual do nosso ser) em que nos encontramos. Não é apenas o vírus, é também o "terreno" no qual ele desembarca, como os fisiologistas do final do século XIX se esforçaram tanto para nos ensinar. Quando pergunto ao médico: "Por que peguei isso?" e recebo a resposta: "Tem muito disso por aí", fico satisfeito. Não me ocorre perguntar por que a pessoa que estava do meu lado no trem não pegou, por que uma das pessoas com quem moro pegou e as outras não, ou mesmo por que eu não peguei na última vez em que houve "muito disso por aí". Ocasionalmente, surge uma forma particularmente forte de vírus ou bactéria — como quando, nas grandes epidemias de gripe que acontecem de vez em quando, o organismo patogênico sofre uma mutação e toma uma nova forma, que tende a vazar nossas defesas e a resistir às drogas e medicamentos habituais. Mas, mesmo quando isso acontece (como nas várias epidemias de gripe asiática ou a gripe devastadora de 1818), a grande maioria das pessoas não contrai a doença. Quando a Peste Negra devastou a Europa do século XII ao século XV, e simplesmente não havia disponível nenhuma medida preventiva eficaz, três quartos das pessoas *não* a pegaram. O "terreno" não era adequado. Analogamente, a maneira como reagimos aos fenômenos psicológicos graves e estafantes não é determinada simplesmente pelo fenômeno em si, mas por uma síntese do fenômeno e do "terreno" particular, ou seja, a pessoa como um todo que está envolvida.

Há alguns anos, por exemplo, eu estava trabalhando numa clínica de orientação infantil. Um terrível acidente aconteceu na esfera da nossa responsabilidade. Duzentas crianças brincavam no pátio de uma escola. Uma menina de nove anos correu até a rua para pegar uma bola, olhou para cima, e gritou tão alto que todas as cabeças no pátio se voltaram bem a tempo de ver a colega ser atropelada e morta por um caminhão. Três semanas depois, uma das crianças que estavam no pátio apareceu na clínica. Desde o incidente, ela não conseguira dormir, vomitava depois das refeições e tivera repetidos acessos de ansiedade. Todos sabíamos exatamente o que causara esses sintomas e estávamos preparados para tratá-la em função do ocorrido. Então, numa reunião da equipe, o chefe da clínica, o Dr. Joseph Weinreb, nos perguntou quantas crianças da nossa área haviam testemunhado o acidente. Quando respondemos "duzentas", ele perguntou: "Onde estão as outras cento e noventa e nove?" Compreendemos, de repente, que uma combinação específica de trauma *e* terreno, agindo reciprocamente nessa criança, provocara os sintomas que ela estava vivenciando. Percebemos que o tratamento teria que ser elaborado para uma pessoa única que tivera um grave choque; não poderia ser uma abordagem desenvolvida com base em como devemos lidar com a classe de crianças que tiveram um grave choque.

Resumindo, cada um de nós não existe como parte separada, mas como um ser humano total que sente, que pensa, que age, que se desespera ou que fica entusiasmado, adoece ou permanece saudável, é gordo ou magro, sente-se à vontade ou pouco à vontade no universo, que tem medo ou esperança com relação ao futuro, que acha difícil ou muito difícil mudar, e assim por diante.

Agora que você já está pronto para não ficar mais se preocupando com o seu peso, está na hora de examinar o resto da sua vida. Quanta satisfação, entusiasmo, prazer você sente ao executar suas tarefas diárias? Seu corpo está funcionando como você quer? Sua vida também? Em que você poderia usar toda a energia que você vem despendendo em seu problema de peso para melhorar ao máximo a sua vida, para que ela se torne o mais agradável possível e realmente passe a valer a pena?

Chegamos ao estágio seguinte do programa que você começou quando leu este livro pela primeira vez e resolveu tentar o caminho da meditação. Agora que você está lidando eficazmente com esse problema importuno e difícil quanto ao seu peso, está na hora de ir em frente e melhorar a qualidade dos outros aspectos da sua vida. Há uma boa razão para incluir este capítulo num livro sobre como alcançar um peso ideal. Se você quiser mudar sua ecologia global para que seja muito menos provável que a combinação de forças responsáveis pelo seu problema de peso reapareça com os mesmos resultados desagradáveis, você terá de modificar outros aspectos da sua vida. Se não o fizer, sua vitória na área do peso provavelmente terá vida curta. Não é por acaso que, depois de tantas dietas bem-sucedidas, as pessoas que se esforçaram tanto têm uma recaída, recuperam o peso ou voltam a sofrer de anorexia. Essas pessoas não avançaram para o estágio seguinte do trabalho, que era mudar seu ser como um todo, para que as mesmas forças não pudessem reaparecer e dominar mais uma vez suas boas intenções.

Há duas maneiras básicas de fazer isso. Antes que eu as descreva, porém, é importante salientar que muitas pessoas tentam lidar com problemas recorrentes usando técnicas específicas, ou "macetes". Aprendemos a fazer isso desde crianças, quando nos ensinam coisas como: "Conte até dez antes de dizer qualquer coisa quando você estiver zangado." Aprendemos que, quando nosso coração começa a bater mais forte com a frustração de uma situação que constantemente se repete, temos de começar a respirar profundamente, repetir um mantra ou dar uma volta no quarteirão. Muitas dessas técnicas podem, realmente, ser muito úteis em momentos de frustração e de raiva. No entanto, elas nada mais fazem do que lidar com a tensão do momento que está ameaçando explodir interior ou exteriormente. Elas não fazem nada para impedir que novas situações do mesmo tipo aconteçam. Elas não mudam nada. Se queremos realmente mudar algo mais do que apenas o que sentimos no momento, precisamos usar um de dois métodos básicos. O primeiro envolve examinar um problema específico, analisar-lhe as causas, descobrir-lhe a origem e, desse modo, lidar com ele como uma parte real de nós mesmos, e não simplesmente como algo que "acontece". Quando fazemos isso, olhamos para um problema em função das nossas reações, determinamos quando começamos a reagir dessa maneira, como encarávamos a nós mesmos e o mundo nessa época, e assim por diante. Tentamos perceber qual o sentido que nossas ações tinham quando as adotamos pela primeira vez e se elas ainda fazem sentido em função da nossa perspectiva atual de quem somos e de como é o mundo. Este é o caminho da psicoterapia tradicional; ela é um dos maiores avanços no entendimento e um dos instrumentos mais maravilhosos que jamais conhecemos para minimizar o sofrimento humano. Algumas vezes, é um método absolutamente necessário a ser usado para resolver certos problemas.

Este é o método criado por Sigmund Freud na primeira metade do século. Ele também imaginou uma maneira específica de utilizá-lo que não é muito usada e, nos dias de hoje, tem apenas um interesse histórico. Os Irmãos Wright são dignos de todo o mérito por terem inventado o avião mais ou menos na mesma época em que Freud criou a psicoterapia, mas não usaríamos hoje um dos aviões criados por eles se quiséssemos ir a algum lugar. Desde então, aprendemos muito a respeito de voar. Além disso, com base no que conhecemos da mente abrangente e aberta de Wilbur e Orville, podemos afirmar com certeza que, se eles estivessem vivos hoje, certamente prefeririam atravessar o país num 747 a viajar num dos seus aviões primitivos; e Freud, se ainda estivesse vivo, escolheria um método muito mais moderno de psicoterapia para si mesmo ou para um paciente.

Não obstante, as idéias básicas de Freud foram incorporadas, em grande parte, ao trabalho e aos métodos modernos. Freud foi médico antes de ser psiquiatra, e, quando delineou pela primeira vez a psicoterapia, ele a criou dentro da estrutura básica da prática da medicina. Esta tem por base as três perguntas que o médico faz a si mesmo quando uma pessoa entra em seu consultório. A primeira é: "Por que esta pessoa está aqui — que sintomas ela tem para vir até o meu consultório?" A segunda é: "Qual é a causa oculta desses sintomas — a infecção bacteriana, a lesão, o quisto, a deficiência vitamínica, etc?" A terceira é: "O que podemos fazer a respeito?" Quando uma pessoa entra no consultório do psicoterapeuta, as mesmas questões são adequadas: "O que está errado — quais são os sintomas que trazem esta pessoa ao meu consultório? Qual a causa oculta? O que podemos fazer a respeito?"

Estas três perguntas formam um *método* para lidar com problemas que de tal forma passou a fazer parte da "estrutura óssea" da psicoterapia, que é difícil conceber uma terapia que tenha por base qualquer outro fundamento. O método nos tem sido freqüentemente adequado para aliviar a dor e o sofrimento humanos. Aplicá-lo à psicoterapia foi uma das grandes idéias de Freud que marcaram época. No caso de alguns problemas, é absolutamente necessário seguir esse caminho. Com freqüência, a verdadeira mudança pode ser alcançada dessa maneira. Não é fácil, a verdadeira mudança nunca o é, mas amiúde pode ser conseguida se tivermos dedicação e coragem. Não obstante, na abordagem moderna, particularmente no que chamamos de "medicina holística" (você encontrará no Capítulo 8 uma descrição mais completa dessa expressão), temos uma segunda opção. É este segundo método que venho particularmente sugerindo neste livro. Esta abordagem não se baseia nas três perguntas da psicoterapia clássica e da medicina em geral. Trata-se de uma abordagem da mudança baseada em duas outras perguntas, e a primeira é a seguinte: "Qual o estilo de vida especial, as maneiras especiais de ser, de se relacionar e criar que são 'certos' para esta pessoa, que a farão ficar feliz por levantar-se de manhã, que farão com que ela sinta prazer e entusiasmo com a vida, de modo que quando ficar cansada, o cansaço envolvido será o cansaço saudável e não a 'fadiga e a exaustão'?" A segunda pergunta é: "Como podemos nos preparar para conseguir isso? Considerando-se a realidade da situação, como podemos melhorar a vida dessa pessoa para que ela se torne mais parecida com o que ela quer, com aquilo para o que foi projetada?"

Através deste método, a pessoa tenta modificar sua ecologia como um todo dando à sua vida um sentido positivo, mesmo que ela não sinta ou acredite que "merece" uma vida melhor. Escrevi na página 58 a respeito da afirmação de Pascal sobre o que devemos fazer caso tenhamos perdido a fé. Estamos usando aqui esta idéia em outra esfera — estamos dizendo que, se você se tratar como se merecesse ser bem tratado, o conhecimento e a crença de que isso é verdade provavelmente se seguirão. Não podemos controlar nossos sentimentos, nem somos responsáveis por eles. Podemos, contudo, controlar nossas ações e assumir a responsabilidade pela maneira como tratamos a nós mesmos. Quando usamos esta abordagem, examinamos nossa vida e tomamos a decisão consciente de melhorar a qualidade dela.

À primeira vista, esta poderá parecer uma maneira egoísta e narcisista de abordar a vida. Ela nos faz lembrar o que costumava ser chamado de a "geração eu também" da década de setenta. No entanto, a verdade é exatamente o oposto. À medida que examinamos mais profundamente nossa vida interior, procurando o que realmente queremos, descobrimos que nós, como espécie, somos seres sociais, e que precisamos e queremos nos relacionar bem com nossos semelhantes. Quanto mais saudáveis formos, mais próximos estaremos do nosso ser verdadeiro e mais perceberemos que isso inclui bons relacionamentos nos quais podemos expressar e receber sentimentos positivos. Quer expliquemos este fato baseados num longo período de dependência infantil durante o qual passamos a ter necessidade do carinho dos outros, quer o expliquemos baseados num instinto gregário, ou ainda baseados em qualquer outra coisa, constatamos que só alcançamos a verdadeira natureza humana, a verdadeira felicidade e o verdadeiro entusiasmo pela vida através de relacionamentos genuínos e carinhosos com outros seres humanos. Quando não conseguimos ter esse tipo de relacionamento, freqüentemente tentamos outros caminhos, como fazer com que as pessoas tenham medo de nós ou nos dêem provas de consideração através de medalhas e homenagens. Como descobriram os Macbeths, contudo, esses outros caminhos geralmente se revelam bastante insatisfatórios. Nicolas Ceausescu, o ditador da Romênia, e sua esposa Elena exigiram que, em troca de certo acordo comercial, o governo britânico tomasse providências para que eles se tornassem Membros da Royal Society, uma honra conferida apenas a importantes realizações científicas. O governo britânico recusou-se a ceder ao pedido, mas, mesmo que tivesse concordado, é altamente improvável que a satisfação de receber uma honra que eles claramente não haviam conquistado tivesse proporcionado ao casal Ceausescu mais do que uma momentânea satisfação.

Um dos aspectos de todo o conceito da saúde holística é que o ser humano, para ser considerado "saudável", precisa demonstrar, por meio do trabalho, que está preocupado com algo mais do que apenas ele mesmo e sua família. Ele precisa fazer alguma coisa para mostrar que está relacionado com um segmento mais amplo da raça humana do que apenas com os que moram na sua casa. O ponto importante dessa questão, contudo, é que *primeiramente* exploramos a nós mesmos e descobrimos quem somos, e depois verificamos como esse "eu" precisa se expressar em função do todo maior. Nós não cuidamos primeiro dos outros a fim de descobrir ou de proteger o eu; em vez disso, nós primeiro nos examinamos interiormente e, ao descobrir quem somos, constatamos que somos um ser social que precisa ter bons relacionamentos com os outros para se expressar e crescer. Antigos pacientes meus trabalham uma ou duas noites por semana para grupos em defesa da paz, grupos ecológicos, os Big Brothers ou as Big Sisters, como voluntários na área da alfabetização, e em muitas outras coisas. Mas cada uma dessas pessoas procurou primeiro dentro de si o que precisava expressar para poder ter acesso a uma parte maior de si mesmo, e depois dedicou-se a essas atividades por razões saudavelmente egoístas!

Assim, depois de esclarecer que não estou defendendo uma abordagem "a meu favor e contra eles", voltemos ao método que eu estava descrevendo, o qual envolve modificar a ecologia total da pessoa dando à vida um rumo positivo. Essa abordagem é muito bonita, mas o que realmente significa? Como podemos torná-la concreta e específica para cada um de nós?

Para tentar responder a estas últimas perguntas, vamos fazer alguns exercícios com papel e lápis. (Os exercícios apresentados aqui fazem parte de uma lista de mais ou menos cinqüenta, contidos num livro de minha autoria chamado *Cancer as a Turning Point,** no qual tento ensinar às pessoas que têm câncer a mudar toda a sua ecologia para que a sua capacidade interior de cura seja mais fortemente despertada e funcione como complemento do programa médico.) É melhor e mais eficaz que você faça estes exercícios realmente com papel e lápis, e não apenas mentalmente. Eles parecem ter uma tendência maior de ajudar as pessoas a mudar. Não se apresse em terminá-los. Eles não são "testes de rapidez", exigindo, ao contrário, muita análise e concentração para que exerçam algum efeito. Sugiro fortemente que você só faça um por dia. E não se esqueça: eles não são simples. São eficazes, e de um modo ou de outro você poderá sentir o seu poder. Use um

---

* *Nova York: Dutton, 1989; Nova York: Penguin-Plume, 1994.*

pequeno caderno para fazer os exercícios, ou, se você costuma escrever num diário, escreva nele os exercícios.

EXERCÍCIO 1

PARTE A

Você examina a sua programação e chega à conclusão de que há uma tarde (ou um dia ou uma noite inteira) que você pode tirar *exclusivamente para você.* Durante esse período, todas as outras pessoas estão ocupadas com outras coisas; o tempo é apenas para você. (Você talvez tenha que tomar algumas providências de antemão, como contratar uma *baby-sitter,* mostrar à sua família onde é a lanchonete de *fast-food* mais próxima ou como comprar e preparar um jantar previamente congelado!) Este é um período de tempo só seu, e não deve ser usado para descansar para que você fique em forma para poder enfrentar as atividades do resto da semana, nem para lavar e passar roupa! É um período de tempo que você está dando de presente a si mesmo, e você deve usá-lo como se ele fosse escolhido por um amigo que conhecesse você tão bem quanto você conhece a si mesmo e que o amasse incondicionalmente.

O que você faria nesses períodos especiais "de presente"? Que atividade você escolheria para tornar ainda mais produtiva a sua vida? Pense nessa ocasião como uma oportunidade especial de aumentar seu prazer e participação na vida. Descreva como você usaria esse período de tempo.

PARTE B

Você acha que realmente vai tirar esse tempo para si mesmo? Muito poucos de nós temos uma programação tão intensa e dinâmica a ponto de não podermos fazer isso. (Às vezes é mais fácil fazer uma troca com alguém da família. A outra pessoa fica de folga uma tarde, ou um dia ou uma noite inteira, e depois é sua vez.) Se você não consegue tirar esse período de tempo livre, o que o está impedindo de fazer isso? Se você vai tirá-lo, o que o impediu de dar a si mesmo esse presente no passado?

EXERCÍCIO 2

PARTE A

Todos estamos envolvidos, ou já estivemos envolvidos, com atividades que nos fazem sentir mais jovens e dinâmicos. Durante o período em que as estamos praticando, temos a tendência de ter momentos em que nos esquecemos de tudo o mais. Podemos então olhar de repente para cima e perceber que o tempo passou; talvez até tenhamos esquecido de almoçar. Depois, ficamos de certa maneira energizados; nos sentimos bem, talvez um pouco cansados, mas é o sentimento "bom" de cansaço, e não o de "fadiga e exaustão".

Quando relacionei pela primeira vez para mim mesmo as atividades que estão nessa categoria, descobri que elas incluíam caminhar na praia, assistir a *Guerra nas Estrelas* e a filmes de James Bond, trabalhar numa biblioteca de pesquisas, assistir a óperas de Puccini, iniciar-me em um novo campo de conhecimento, escrever um livro, dar seminários.

Relacione as atividades que o estimulam dessa maneira. Pense em coisas do passado e do presente. Não se apresse.

PARTE B

Assim como há atividades que fazem você se sentir *mais* dinâmico e animado, há atividades que tendem a exercer o efeito oposto. Depois de executar estas últimas, freqüentemente sentimos "fadiga e exaustão". São atividades que preferiríamos não fazer, mas que executamos por outros motivos. Quando relacionei pela primeira vez para mim mesmo as atividades que se enquadram nessa categoria, percebi que elas incluíam sair para comprar roupas, cuidar da correspondência, ir a jantares ou a festas em que houvesse mais de seis pessoas presentes, ir a restaurantes onde tocassem alto alguma música.

As atividades podem passar de uma lista para outra à medida que você for se desenvolvendo. Duas atividades, por exemplo, que, no meu caso, já pertenciam à lista "estimulante" e que agora estão na lista "menos estimulante" são ler livros de ficção científica e trabalhar em tempo integral como psicoterapeuta.

Relacione todas as atividades que o fazem sentir-se *menos* animado e dinâmico. Pense tanto em coisas do passado como em coisas do presente. Não se apresse.

PARTE C

No período mais recente da sua vida (cabe a você definir esta expressão), quanto esforço consciente e, pelo menos, parcialmente bem-sucedido você fez de modo a moldar sua vida para experimentar um maior número de atividades "mais estimulantes" e um menor número das "menos estimulantes"?

Há um sábio ditado que diz: "Não se preocupe com o que o mundo quer de você. Preocupe-se com o que o torna mais vigoroso porque o mundo *precisa* de pessoas mais vigorosas."

Descreva os esforços que você fez no período mais recente para fazer sua vida tomar esse rumo.

PARTE D

O que *em você* torna difícil fazer isso — reestruturar sua vida dessa maneira? Ao responder, tente não culpar os outros. Por exemplo, não diga coisas como: "Meu marido/mulher quer isso ou aquilo de mim." Em vez disso, diga algo como: "Quando acho que meu marido/mulher quer isso ou aquilo de mim, sinto-me muito culpado(a) se não satisfaço a vontade dele/dela. São os *meus* sentimentos de culpa que me fazem..." Ou: "É a minha ansiedade, quando sinto que não estou à altura do que os outros esperam de mim." Tente ser sincero consigo mesmo. O que em você torna mais difícil "melhorar" a qualidade da sua vida para que você possa passar mais tempo nas atividades da sua lista "A", e menos tempo nas atividades da lista "B"?

EXERCÍCIO 3

Parte A

Há um antigo ditado que diz: "Na véspera de morrer, ponha a casa em ordem." Uma vez que, a não ser em circunstâncias muito raras (poucos de nós somos condenados a morrer numa data específica), não sabemos de antemão o dia da nossa morte, esta frase claramente indica que devemos pôr nossa casa em ordem *hoje*.

Depois de pensar cuidadosamente, o que isso significa para você? Refere-se claramente ao seu relacionamento com os outros e consigo mesmo, e, talvez para alguns de nós, com o universo como um todo, em vez de tirar o pó da mobília ou aparar a grama. Escreva o que você teria que fazer *hoje* se seguisse este conselho.

Parte B

Na Parte A deste exercício, você descreveu as coisas que teria que fazer para organizar a sua vida — para "colocar a casa em ordem". O que em você impediu que você fizesse essas coisas no passado? É a mesma coisa que torna tão difícil você fazê-las agora?

Parte C

Você acha que fará essas coisas no próximo período da sua vida? Se a resposta for negativa, o que teria que acontecer para que você as fizesse?

EXERCÍCIO 4

Parte A

Suponha que um fato estranho e misterioso aconteceu esta noite, e que, ao acordar, você descobriu que o seu pior problema interior havia desaparecido, que você fora "curado" enquanto dormia. Não estou me referindo ao tipo de problema que depende do que os outros possam fazer ou de circunstâncias exteriores que fujam ao seu controle, mas do tipo de problema relacionado com a maneira como você reage e gostaria de não reagir. Leve alguns momentos, ou o tempo que precisar, para definir claramente que problema específico é esse para você.

(Lembre-se de que você é a pessoa que mais conhece os seus próprios sentimentos. Ninguém mais pode definir esse problema; só você.)

Agora que você já definiu esse problema que desaparece durante a noite, ao acordar, como você haverá de saber que ele tinha desaparecido? O que você observaria nos seus sentimentos e/ou comportamento que faria com que você notasse que ele não estava mais com você? Dê uma descrição pormenorizada do que você poderia observar amanhã.

Parte B

Agora que você esclareceu esse problema, e agora que você sabe claramente como você é com ele e como seria sem ele, você se sente indefeso com relação a ele?

O que você tentou fazer a respeito dele? Alguns dos seus esforços provavelmente se enquadraram na categoria das "técnicas e truques", como contar até dez antes de dizer alguma coisa quando você está zangado de modo irracional, ou exercitar-se bastante na academia, quando os seus sentimentos negativos ultrapassam certo ponto. Com freqüência, essas abordagens são úteis, mas, como salientei anteriormente, raramente modificam alguma coisa a longo prazo. Você pode ter tentado reconstituir o curso de suas reações — analisar de onde, no passado, teria vindo a força dessa reação, e qual seria o significado inconsciente dos estímulos que a provocam. Claramente, essa abordagem não deu certo, uma vez que você relacionou esta questão como o seu principal problema atual.

O segundo caminho, o de mudar sua ecologia interior para que suas energias tomem outro curso — um curso que o satisfaça e que o faça ter prazer e entusiasmo pela vida, sem que você siga por antigos e problemáticos trajetos — resolveria o problema? Talvez a resposta a esta pergunta seja sim, e este pode ser o método que você terá de usar se quiser resolver este problema. Talvez esteja na hora de você tomar sérias providências para melhorar a qualidade da sua vida, o que fará o problema desaparecer na mudança total.

Descreva no papel exatamente o que você fez a respeito desse problema. O que mais você pode ter feito? O que em você torna tão difícil tomar providências efetivas para lidar melhor com ele? O que você acha que fará a respeito dele no futuro próximo?

EXERCÍCIO 5

A meditação que vou descrever a seguir baseia-se numa história de Fiodor Dostoievski. (Perguntaram certa vez a Freud quem, para ele, eram os três maiores psicólogos que já haviam vivido. Ele respondeu que Dostoievski fora claramente o primeiro, Goethe o segundo. Quanto ao terceiro, disse Freud, "a modéstia me impede de dizê-lo!".)

A história diz respeito a um homem casado, que morava em Moscou e que era um negociante bem-sucedido. Certo dia, quando já estava na meia-idade, ele começou a ser perseguido por um demônio. Este tinha patas, chifres e os habituais complementos, mas apenas Ivan conseguia vê-lo ou ouvi-lo. O demônio sussurrava o tempo todo no ouvido de Ivan que ele devia desconfiar de todos os que o cercavam. Ele dizia coisas como: "Não confie neste homem." "Tome cuidado com aquele; ele vai passá-lo para trás." "Não acredite naquela pessoa; ela o odeia", e assim por diante. Quanto mais zangado Ivan ficava com o demônio, maior este se tornava e mais alto Ivan ouvia a voz dele. À medida que Ivan desconfiava cada vez mais dos outros, seus relacionamentos pioravam a olhos vistos. Sua mulher acabou indo embora com as crianças e o seu negócio foi ficando cada vez menos lucrativo.

Finalmente, seu negócio estava prestes a ir à falência e ele só tinha uma oportunidade de se recuperar e de recomeçar tudo. A chance seria numa reunião com alguns de seus antigos clientes. Ivan dirigiu-se ao escritório, no centro da cidade, determinado a pelo menos uma vez reagir a essas pessoas com a confiança que elas mereciam depois de longos anos de amizade e de trabalho conjunto. Ele jurou para si mesmo que desta feita não sucumbiria à suspeita e à paranóia. No entanto, o demônio o seguiu, sussurrando constantemente em seu ouvido, e ele deu consigo tão desconfiado de seus antigos clientes e das intenções deles, que desperdiçou a última oportunidade que tinha de salvar seu negócio. Seus clientes partiram enraivecidos e ele acabou arruinado.

Ivan voltou para casa desesperado, pensando que o suicídio era a única saída. O demônio o seguia de perto. Quando chegaram à porta da sua casa, Ivan teve uma idéia. Voltou-se para o demônio e o convidou para tomar chá. O demônio pareceu surpreso, mas aceitou. Ivan disse à criada que pusesse a mesa para dois. Ela, ao vê-lo sozinho, achou que ele tinha ficado maluco, mas fez como o patrão lhe ordenara. Ivan serviu chá ao demônio e conversou com ele como o faria com uma pessoa. O demônio começou a ficar cada vez mais transparente e a voz dele cada vez mais fraca.

Ivan, é claro, não conseguiu se desfazer do demônio tão facilmente — ele ficaria com ele durante muito tempo. Mas aprendera uma nova maneira de reagir ao demônio e de diminuir o controle que este exercia sobre ele. Usando mais intensamente este método, ele poderia ser capaz de ter controle o bastante para que, com ou sem demônio, pudesse levar uma vida normal.

Dostoievski não acreditava que as pessoas fossem perseguidas por um demônio com um forcado e um forte cheiro de enxofre. É claro que ele estava se referindo ao demônio interior, às reações repetitivas e irreais que há em nós e que tornam a nossa vida muito mais difícil.

Vamos agora transformar essa história numa meditação! Você definiu, no último exercício, seu pior e mais difícil problema, a reação repetitiva que torna sua vida extremamente difícil e dolorosa. Imagine uma maneira de representá-la; simbolize-a como um animal, um ser ou uma entidade que sussurra uma mensagem no seu ouvido. (Certo homem definiu seu pior problema interior como a tendência, quando diante da oposição, de reagir como se estivesse indefeso e pedir ajuda ao oponente, em vez de enfrentar a situação. Esse problema o fazia lembrar de um cachorrinho que tivera certa vez. Quando fazia algo errado e estava sendo repreendido, o cachorro agia como se tivesse machucado uma pata, mantinha essa pata no ar como se estivesse sentindo dor e choramingava. Ele imaginou seu pior problema interior como esse cachorrinho e o chamou de Pata Machucada.) Como você visualizaria o seu problema? Que nome daria a ele?

Leve algum tempo fazendo isso, pois você provavelmente vai precisar pensar um pouco. Obtenha a melhor imagem possível do problema e dê a ele o nome mais apropriado que você conseguir imaginar. É importante não se apressar neste ponto. Você já fez algo a respeito do problema simplesmente ao defini-lo. Releia o que você escreveu no exercício anterior. Pense mais a respeito do assunto e em como você pode representá-lo e dar-lhe um nome.

Adote agora uma posição confortável. Imagine-se numa situação que geralmente provoca o tipo de reação que você chamou de Problema Interior Número Um. Imagine claramente a situação. Visualize agora a imagem que você projetou do problema e imagine-a sussurrando uma mensagem em seu ouvido. Ela está lhe dizendo para sentir e comportar-se exatamente da maneira como você não quer mais fazer.

Imagine essa situação conferindo a ela uma forma específica sussurrando coisas sobre como você deve se sentir e se comportar. Ouça-a, observe-a. Faça isso o mais atentamente que puder durante três minutos na primeira vez, durante cinco minutos na seguinte.

Acrescente este exercício ao seu programa de meditação. Você agora já tem experiência suficiente para decidir quanto cada sessão desta meditação particular deve durar e qual a freqüência que seria a ideal para você.

Então, na próxima vez que você se encontrar no tipo de situação que desperta essa reação, tente, mesmo que apenas por um momento, visualizar a imagem que você imaginou. Sorria para ela.

Diga: "Cá está você de novo, velha amiga! Será que você poderia deixar de lado este incidente particular? Vá ao banheiro ou faça outra coisa. Agora eu estou ocupado." E assim por diante. Tente sorrir por um ou dois segundos se puder. Isso poderá não funcionar com muita eficácia nas primeiras vezes. É difícil eliminar os antigos hábitos, e os velhos mecanismos de reação resistem à mudança. Algumas vezes, você pode esquecer e outras você pode ser dominado pelo longo condicionamento que o faz reagir de determinada maneira. Não obstante, como Ivan descobriu, cada vez que você tentar, você terá mais controle e terá uma maior probabilidade de ser bem-sucedido na vez seguinte.

A esta altura, você já deve ter percebido que em todos esses exercícios de meditação você está assumindo mais controle da sua vida e do seu destino. Você está tornando a sua vida algo mais próximo do que o seu coração deseja. Você também está mudando a sua ecologia interior para que, depois que tiver lidado com sucesso com o seu problema de peso, as mesmas forças interiores não ajam como antigamente para reativá-lo.

É claro que esta reformulação pode ser feita com ou sem os exercícios do tipo que relacionei acima. Podemos olhar para nós mesmos e perguntar: "Que parte do meu ser como um todo, física, mental, emocional ou espiritual, foi mais negligenciada? Que parte de mim foi desprezada, posta de lado, e ficou, por assim dizer, choramingando: 'Não há nada para mim'? " Decida-se então a melhorar essa parte de si mesmo. Ou então, numa linguagem mais poética, você pode perguntar a si mesmo: "No jardim que sou eu, que parte foi menos regada e cuidada? Como posso corrigir essa deficiência?" Depois de tomar providências e melhorar algum aspecto do seu ser, você faz novamente a pergunta e a parte seguinte que foi mais negligenciada recebe então cuidados especiais. E assim por diante, até que você fique tão ocupado e entusiasmado, vivendo a *sua* vida, que não sinta mais necessidade de melhorar neste período específico.

Isso pode ser feito através da vontade e agindo como se você realmente se importasse consigo mesmo. A ação, como já mencionei antes, tem a tendência de aumentar o sentimento efetivo, mas a força de vontade freqüentemente precisa ser usada em primeiro lugar.

Com freqüência, quando estamos gordos demais (ou muito magros), o problema foi se manifestando lentamente em nós, e só tomamos consciência dele quando ele se tornou opressivo. Então, tivemos a impressão de que o ponto central do problema era regular o nosso peso. Amiúde este é um primeiro passo necessário, mas precisamos redefinir o problema se desejarmos resolvê-lo de vez. O problema não é ser magro, e sim como ter a maior satisfação, entusiasmo e prazer na vida. Perder peso não é um fim em si mesmo, mas uma parte necessária do caminho para a intensificação do sentimento positivo.

Quando o peso de uma pessoa não está num nível saudável para ela, é a vida como um todo que precisa ser tratada. Pesar pouco ou muito é indício de que algo está errado, e o que está errado não é apenas um problema de peso. Pode ser um problema glandular, e então é isso que precisa ser tratado. É mais provável hoje em dia que seja um problema do relacionamento da pessoa consigo mesma, com os outros ou com o universo de um modo geral. (Por exemplo, o problema de determinar o significado da nossa vida e da nossa existência, se nossos esforços encerram um verdadeiro propósito e, se for este o caso, qual é ele, está bem mais difundido do que geralmente se percebe, e freqüentemente tem graves efeitos em todos os nossos sistemas de ação e de reação. O psiquiatra Carl Jung comentou certa vez que ele nunca vira um paciente com mais de trinta e cinco anos de idade cujo problema não fosse, no fundo, religioso e cujos problemas psicológicos não fossem curados quando seu problema religioso fosse tratado com sucesso. Jung, é claro, não estava se referindo a problemas quanto a freqüentar uma igreja ou quanto a dogmas. Ele estava falando de problemas relacionados com o significado e com o propósito da vida.)

Armazenar gordura é uma função natural do corpo. O corpo queima gordura o dia inteiro, e esta atividade é responsável por mais da metade da energia que despendemos na vida cotidiana. O errado não foi termos comido demais, nem termos nos exercitado de modo insuficiente, mas sim o fato de não ter havido equilíbrio no sistema de alimentação-energia-armazenamento. Todos conhecemos pessoas que comem muito, que fazem pouco exercício e que mesmo assim continuam magras. Além disso, de um modo geral, as pessoas gordas não comem mais do que as pessoas cujo peso é normal para elas. Estudos cuidadosamente controlados demonstraram que, ao fazer a mesma dieta, algumas pessoas mantêm o peso, outras emagrecem e outras engordam. É uma questão da organização do corpo, da mente e do espírito como um todo.

Com algumas condições envolvendo uma variação com relação à norma, é preciso tratar o sintoma antes de poder tratar a causa central. Podemos observar este fato na depressão, que é uma condição extremamente dolorosa, cujo principal sintoma é a pessoa sentir-se terrivelmente mal a respeito de si mesma e do mundo em geral. Não podemos tratar a causa enquanto não tratarmos o sintoma. Hoje em dia, os sentimentos depressivos são tratados com drogas antidepressivas; depois as causas fundamentais podem ser tratadas pela psicoterapia. Geralmente, não é possível usar a psicoterapia para o problema real enquanto o sintoma não tiver sido tratado.

No caso dos problemas de peso, normalmente é necessário tratar primeiro o sintoma e alcançar um peso saudável. Depois, os problemas fundamentais que nos fizeram perder o controle do nosso sistema de alimentação-energia-armazenamento tornam-se mais fáceis de ser tratados. No entanto, a não ser que lidemos com os problemas fundamentais, o problema de peso provavelmente voltará tão logo abandonemos a dieta, do mesmo modo que, no caso da depressão, a pessoa volta a ter depressão tão logo pára de tomar os remédios.

· 8 ·

O significado da saúde holística

O fato de qualquer nação equilibrada, depois de observar que poderíamos garantir o suprimento de pão oferecendo aos padeiros benefícios pecuniários para assar o pão para nós, ir em frente e dar também aos cirurgiões um benefício pecuniário para cortar a nossa perna, é suficiente para desesperarmos da humanidade política.

— George Bernard Shaw

Somos bombardeados pela mídia com a mensagem de que "sua saúde está uma droga. Para impedir a desgraça, você tem de tomar imediatamente um remédio ou procurar um médico". Lewis Thomas, presidente do Memorial Sloan-Kettering Cancer Center de Nova York, escreveu o seguinte:

Nada mudou tanto nos últimos vinte e cinco anos quanto a maneira como o público percebe a própria saúde. A mudança eleva-se a certa perda de confiança na forma humana. A crença geral nestes dias parece ser a de que o corpo é basicamente imperfeito, sujeito a desintegrar-se a qualquer momento, sempre à beira de uma doença mortal, sempre necessitado de um contínuo controle e apoio da parte dos profissionais da área da saúde.

Nossa nova visão assemelha-se à de muitas das sociedades primitivas, ou seja, a de que a morte não é natural; que ela não deveria acontecer. O ser primitivo diz que uma bruxa ou um demônio a causou. O homem moderno diz que o médico não conseguiu evitá-la.

As indústrias farmacêuticas e suas agências de publicidade criaram uma grande quantidade de propaganda destinada a nos convencer de que nosso corpo não funciona e está constantemente ameaçado de se decompor por causa de alguma coisa. Somos avisados de que devemos ter à mão uma grande quantidade de medicamentos, do contrário certamente seremos vítimas de tudo, da caspa às hemorróidas e ao pé-de-atleta. Nenhum sistema do corpo (exceto os do tipo do sistema linfático, em cuja existência o público leigo realmente não acredita) está livre da ameaça de não poder funcionar bem sozinho ou recuperar-se sem ajuda caso venha a sofrer um distúrbio. Somos ainda advertidos de que há problemas realmente graves e terríveis nos aguardando, e que é melhor nos prepararmos para eles dando dinheiro para fundações especializadas para que suas pesquisas possam estar mais adiantadas na ocasião em que nós ou alguém próximo a nós seja atacado por essa terrível doença. Não há nenhuma contrapropaganda eficaz. Não existe nenhuma agência que festeje o fato de que a maioria das pessoas está livre, na vida real, de doenças e que se recuperarão sozinhas de qualquer indisposição de menor importância. Ninguém toma conhecimento publicamente da verdade da questão, ou seja, que a maioria das pessoas neste país tem uma vida clara, livre e mais longa do que poderia ter sido antevisto por uma geração anterior.

Com efeito, uma das maneiras mais fáceis de fazer as pessoas ficarem zangadas com você (experimente fazer isso com seus amigos e observe como se transformam em seus ex-amigos) é dizer-lhes que eles *não* precisam mais de assistência médica, de vitaminas, de exercício, de uma opinião abalizada sobre dieta, nem precisam se preocupar constantemente com a saúde. Esse tipo de sugestão tornou-se sinônimo de ataque pessoal na maioria dos círculos sociais e provocará, de um modo geral, a mesma reação que você provocaria se acendesse um cigarro numa loja de produtos naturais.

Apesar do fato de o dinheiro gasto neste país com assistência médica ter passado de dez bilhões de dólares em 1950 para duzentos e cinqüenta bilhões em 1980, todos sentimos que o sistema médico está subfinanciado e inadequado, que os médicos estão sempre apressados e trabalham demais, e que não há um número suficiente de enfermeiros. Além disso, se examinarmos o progresso da medicina, o lógico seria ter havido uma redução dos custos na área da saúde. Um caso típico de pneumonia lobular, antes da descoberta dos antibióticos, envolvia de três a quatro semanas de hospitalização; o tifo era uma doença cujo tratamento durava de doze a dezesseis semanas; a meningite freqüentemente exigia vários meses de cuidado durante a convalescença; estas e outras doenças infecciosas comuns podem hoje em dia ser prontamente combatidas em poucos dias. O lucro da tecnologia antiinfecção deveria ter resultado em um grande decréscimo no custo dos tratamentos.

Ficamos zangados quando nos dizem que nossa injeção de dinheiro no sistema de saúde há muito já atingiu um ponto de retorno decrescente; que estamos, como nação, totalmente livres da doença — bem mais do que em qualquer outro período da história; que nosso corpo geralmente é capaz de cuidar de si mesmo; e que deveríamos parar de nos sentir culpados por não cuidarmos mais do nosso ser físico. Ao ouvir essas coisas, nós nos sentimos como se estivéssemos sendo atacados e como se algo estivesse sendo tirado de nós.

E, com efeito, algo está sendo tirado. É a esperança da magia: a esperança de que a medicina (com seus mágicos vestidos de jalecos brancos) resolverá todos os nossos problemas; adiará a morte até estarmos prontos — ou, talvez, para sempre — e nos tornará "saudáveis", cheios de entusiasmo, de alegria, de atrativos sexuais e de habilidades. Qualquer pessoa que nos tire a esperança de que poderemos alcançar o céu na terra, se simplesmente tomarmos mais alguns miligramas de vitamina C, *mais* zinco, *mais* vitamina E todos os dias, será polidamente dispensada. Nossa crença na promessa mágica da medicina é uma ilusão de toda a nossa cultura de hoje, e qualquer pessoa que tente acabar com essa crença está correndo perigo.

Não obstante, há uma razão para tentar desistir dessa ilusão e chamar a atenção para a sua falácia. A ilusão leva a um bloqueio das nossas percepções, de modo que não podemos ver como podemos legitimamente trabalhar para sermos saudáveis. Ela leva a atribuir uma responsabilidade excessiva aos médicos, bem como a uma contínua hostilidade entre o médico e o público leigo, quando a perícia médica não se mostra à altura das esperanças descabidas que muitas vezes temos com relação a ela. Essa ilusão também nos está transformando numa nação de hipocondríacos revoltados.

Paradoxalmente, como cultura, estamos extremamente descontentes com todo o sistema médico. Um estudo do Departamento de Saúde, Educação e Bem-Estar (HEW) informou que só 7 por cento dos americanos se identificaram como "sentindo-se bem quase o tempo todo". Como nos metemos nesta difícil situação?

Na minha opinião, há três maneiras principais de explicar o ocorrido:

1. O aumento da visão mecanicista predominante na sociedade ocidental e a idéia concomitante de que *tudo* pode ser ajustado e posto para funcionar perfeitamente.

2. O grande progresso da medicina na última metade deste século no que diz respeito ao controle das doenças transmissíveis e infecciosas criou a idéia de que *todas* as doenças poderiam ser controladas.

3. A confusão que identificou a saúde "como a ausência da doença". Este desastre semântico fez com que pensássemos que seríamos "saudáveis" quando nos livrássemos da doença.

Como todos sabíamos que ansiávamos por algo chamado "saúde", mas que não a tínhamos definido, e como sabíamos que ela era algo que poderíamos obter curando a "doença", toda uma indústria se desenvolveu com o objetivo de satisfazer essa necessidade. Trabalhando com o princípio de que, se o que estamos fazendo não está dando resultado, a resposta é fazer mais — se o parafuso não entra na porca, faça força até ele entrar — os procedimentos médicos tornaram-se cada vez mais amplos. O uso de cirurgias, de drogas, de exames médicos anuais, de tônicos, de vitaminas e assim por diante aumentou exponencialmente. Como ocorre em qualquer indústria competitiva, os meios freqüentemente substituíram o fim, e o que podia ser vendido tornou-se tanto um símbolo de legitimidade como de eficácia do produto. Muitos dos procedimentos e dos produtos se revelaram inúteis (como os exames anuais e muitas operações para extrair as amígdalas), e uns realmente perigosos (os desastres causados pela talidomida e pelo dietilstilbestrol [DES] são exemplos deste último caso).

Parte do nosso problema atual é lingüístico. Temos a tendência de nos referirmos à doença como uma "coisa", e não como parte de um processo vital global. Dessa maneira, separamos a pessoa da doença. Esta atitude nos leva automaticamente de volta à antiga teoria do demônio da doença, na qual se acreditava que um demônio havia invadido o corpo e teria de ser exorcizado. Tão logo o demônio era expulso, a pessoa ficava curada. Seria bem mais realista, sob o aspecto do conhecimento moderno (e aperfeiçoaria nossa capacidade de resolver problemas nessa área), reestruturar nossa linguagem de modo que, quando falássemos ou pensássemos na doença, a linguagem indicasse que determinado indivíduo tinha tensões e pontos fortes e fracos no seu relacionamento consigo mesmo, com os outros e com o universo, e que a sua *gestalt* como um todo estava apresentando sintomas de carcinoma ou de *angina pectoris*. Encararíamos, então, de imediato, qualquer processo de cura como tendo duas partes relacionadas entre si: o tratamento emergencial do sintoma e a reorganização, a longo prazo, do modelo da vida da pessoa como um todo.

Como consideramos a doença e a enfermidade como uma "coisa" que nos aconteceu, procuramos uma "causa" única. O uso da "sorte" ou "acaso" para explicar os fatos desfavoráveis é tão aceitável na nossa sociedade quanto o mau-olhado de um feiticeiro mal-humorado. Podemos, por exemplo, pôr a culpa nos "carcinógenos" existentes no ar, esquecendo-nos que, embora eles representem uma verdadeira ameaça ao nosso sistema de defesa, eles não afetam igualmente todas as pessoas expostas da mesma maneira. Não obstante, é útil e confortante ter um demônio aceitável lá fora e tentar — como devemos — purificar nosso ar e nossa água. É importante fazer isso, mas, se acreditarmos que esses fatores externos são a única causa da doença, ficaremos desapontados e deprimidos se finalmente tivermos ar puro para nós e nossos filhos e a doença continuar. O ambiente é apenas um dos fatores do tipo da doença e não a única "causa" da doença.

Com freqüência tentamos culpar outras pessoas — "Meu chefe provocou meu ataque do coração por ser tão canalha" — embora, a não ser que tenhamos um acentuado traço paranóico na constituição da nossa personalidade, esse tipo de explicação não permanece satisfatório por muito tempo. Depois de Freud, uma nova explicação tornou-se popular na nossa cultura. As explicações psicossomáticas para as doenças tornaram-se extremamente populares na nossa sociedade porque elas permitem que os pacientes comodamente ponham a culpa em si mesmos. A idéia de que há uma única causa para a doença, que existe algo ou alguém que é culpado, pode ser freqüentemente percebida no tom da voz do paciente quando ele pergunta ao médico: "Por que contraí esta doença?" Esse tom implica que algo oculto está acontecendo. Queremos que haja uma causa única, de preferência algo fora de nós mesmos, e saber que contraímos a doença por acaso. A resposta "Foi um vírus" e a afirmação de que "Ele está se espalhando por aí" enquadram-se com perfeição nos nossos desejos. Podemos deixar de perguntar por que outras pessoas, igualmente expostas, não contraíram a doença. Queremos que o médico seja capaz de repelir o invasor sem nenhuma inconveniência particular para nós (exceto talvez uma injeção, uma pílula e alguns dias na cama) e sem nenhuma implicação de que a doença possa estar nos dizendo alguma coisa a respeito de assumirmos mais responsabilidade pela nossa vida.

A idéia de uma causa específica para cada doença, e, por conseguinte, de uma cura específica, também está de acordo com as nossas fantasias.

Há uma antiga crença entre os seres humanos de que em algum lugar há um remédio "natural", uma planta ou erva, que resolverá todos os problemas humanos de saúde e nos fará ficar jovens e saudáveis para sempre — em resumo, que nos tornará imortais. Essa crença existe pelo menos desde a época dos sumérios. Nós a encontramos na saga de Gilgamesh, provavelmente criada antes de 3000 a.C. O cirurgião e filósofo Kenneth Walker acha que essa crença se origina, em parte, das nossas observações dos animais, que com freqüência tratam seus ferimentos ou doenças comendo certas plantas ou usando certos materiais no seu ambiente natural. Os pássaros, por exemplo, conseguem livrar-se com bastante sucesso dos insetos parasitas cobrindo-se de poeira. (Apenas recentemente, compreendemos que esse procedimento atua obstruindo os poros respiratórios dos insetos.) Essa crença é extremamente comum, e encontra seu equivalente moderno em muitas das dietas excêntricas e nos anúncios de remédios que não precisam de receita médica que inundam os meios de comunicação. Esta noção está tão profundamente enraizada na cultura ocidental, que um cientista alemão do século XIX, da área de pesquisas médicas, Bron-Sequard, julgou necessário tentar desiludir seus alunos e associados dessa idéia colocando uma placa sobre a entrada do seu laboratório: "*Gegen den Tod ist keine Kraut gewachsen*" (Não brotam ervas contra a morte).

A difundida fantasia de uma era de ouro que precedeu a nossa (seja lá qual for a nossa) também fortaleceu o conceito atual de saúde e doença. Temos um sentimento de que, numa era anterior, os seres humanos eram mais felizes e saudáveis do que agora. Se pararmos para pensar nisso, logo nos damos conta de que não foi bem assim que as coisas se passaram, mas a idéia persiste e influencia acentuadamente nosso ponto de vista. Sentimos, por exemplo, que na pequena cidade de sessenta anos atrás (uma espécie de cruzamento entre a cidade natal de Andy Hardy e o cenário de *Our Town* de Thornton Wilder) com seu bom e gentil médico (que provavelmente se parece um pouco com Lionel Barrymore) havia menos doenças. Assim, os nutricionistas põem a culpa da maioria das doenças de hoje nos aditivos químicos em nossa comida, e a American Cancer Society põe a culpa da maioria dos tipos de câncer nos carcinógenos ambientais produzidos pela indústria na nossa época. Essas duas teorias parecem razoáveis, até que examinamos as estatísticas de mortalidade do século passado e percebemos claramente que essas explicações são muito simplistas.

Como exemplo, eu poderia mencionar que nas múmias do Egito (das melhores famílias do Egito, muito antes dos poluentes ambientais e aditivos químicos, e quando o tabaco ainda era desconhecido), encontramos amplos indícios de tumores, artrite, cáries, silicose, pneumonia, pleurisia, reumatismo, pedras nos rins, cirrose do fígado, mastoidite, apendicite, meningite, varíola, tuberculose e de uma grande variedade de outras doenças.

A idéia de uma idade de ouro que teria precedido a nossa não é nova. Em 1796, o médico C. W. Hufeland escreveu que a espécie humana estava a caminho da degeneração física e de uma taxa mais elevada de morte prematura, a não ser que voltasse ao modo de vida simples dos bons tempos de outrora "de uma maneira em harmonia com a natureza".

Desde Rousseau em particular, e a partir da Revolução Francesa de um modo geral, aderimos à idéia amplamente difundida de que a sociedade causa as doenças, e de que num "estado natural" (seja lá o que isso signifique) ou numa "sociedade boa" (definida pelas crenças do momento), as pessoas seriam saudáveis e não ficariam doentes. (A última versão dessa idéia é a crença, que está aumentando rapidamente, de que *tudo* o que é produzido pela moderna tecnologia é cancerígeno.) Junto com essa idéia está a crença de que tão logo a revolução (as mudanças que nós defendemos) esteja completa, as pessoas estarão livres da doença. As desculpas apresentadas quando isso não acontece são tão engenhosas e abundantes entre os revolucionários quanto entre os Cientistas Cristãos.

É preciso tornar claro que o que estou dizendo não pretende ser uma crítica aos médicos, mas uma análise da estrutura atual da medicina e da sua posição na nossa sociedade. O médico geralmente exerce a profissão por motivos sérios e positivos, e sofre mais a pressão do *status* e da estrutura da sua profissão do que o leigo.

Na década de 40, a Organização Mundial de Saúde definiu a saúde como "um estado de completo bem-estar físico, mental e social". Essa definição coloca um grande fardo nos ombros daqueles cuja função é lidar com os problemas de saúde: os membros da profissão médica. Eles estão sem dúvida bem equipados para lidar com o primeiro terço da definição (físico), mal-equipados para lidar com o segundo (mental) e totalmente desequipados para lidar com o terceiro (social). Eles também não foram treinados para lidar com a constante ação recíproca entre os três aspectos, e tampouco para reconhecer que a definição omite uma parte crucial do que significa ser humano — o aspecto espiritual, a necessidade básica e profunda de se ter uma estrutura significativa para a existência. Foi esquecido o fato óbvio, visto no decorrer na história, de que os seres humanos freqüentemente sacrificarão seu bem-estar físico para satisfazer suas necessidades espirituais.

É uma função da oscilação do pêndulo cultural que o bem-estar de uma população seja considerado hoje em dia quase que totalmente sob o aspecto secular. Numa reação à visão medieval de que o bem-estar da alma era de fundamental importância, desde o século XVIII temos avançado na direção oposta, em direção à perspectiva de que o corpo é de fundamental importância. Esta é uma das razões pelas quais nos preocupamos com a "doença" (algo errado com todo o organismo). Os meses de reuniões do conselho da Revolução Francesa sobre a melhor maneira de substituir o clero por uma burocracia médica foi um exemplo muito claro dessa evolução, que só agora estamos começando seriamente a contestar.

Como a "saúde" passou a ser encarada meramente como a ausência da "doença", cada vez mais os problemas associados ao fato de sermos humanos apresentaram a tendência de serem incluídos na definição de doença. No decorrer dos últimos sessenta anos, têm sido atribuídas ao médico um número cada vez maior de tarefas — muitas das quais ele não foi treinado para executar. A falta de "felicidade", de "realização" e de "entusiasmo pela vida" foi definida como doença. Este é um problema que se espera que o médico seja capaz de "curar". Nenhum desses problemas, é claro, é mecânico; portanto, estão fora do âmbito do sistema básico em torno do qual o treinamento médico é organizado.

Foi tão grande a medicalização da sociedade americana, usando uma expressão do biometricista Renee Fox, que o hospital está substituindo a igreja ou o parlamento como a instituição arquetípica da sociedade ocidental. O comportamento censurável está passando a ser considerado uma doença que requer tratamento, em vez de um crime que exige punição ou um pecado que exige conversão.

Qualquer coisa com a qual o médico esteja disposto a lidar torna-se uma doença, reforçando assim a implicação de que somente os médicos são capazes de lidar com ela, ou que eles são mais capazes de lidar com o problema do que qualquer outra pessoa. O médico diz que está disposto a tratar o alcoolismo, de vez que este é um desvio negativo com relação a uma norma, e é assim que ele define a doença. O alcoolismo *torna-se* então uma doença, e uma prerrogativa do médico tratar dele, embora ele não conheça a causa e não tenha nenhuma razão para suspeitar que seja um problema biológico. Além disso, não há nenhum motivo para suspeitar que o médico seja mais eficaz para lidar com o alcoolismo do que os tribunais ou a Igreja, e já foi demonstrado que seu tratamento é bem menos eficaz do que o dos Alcoólicos Anônimos.

Os tratamentos com acompanhamento médico avançaram tanto que não acreditamos mais na nossa capacidade de morrer sozinhos ou em meio à afetuosa companhia dos nossos entes queridos. Sentimos que temos que ter à nossa volta um cortejo de figuras anti-sépticas vestidas de branco para fazermos a transição final. A pessoa passou a se sentir tão indefesa que não é capaz nem mesmo de lutar com a própria morte, nem de encontrar seu caminho em direção a ela.

Antes do início deste século, os casos que exigiam a competência do médico eram divididos com outra classe de profissionais. Grande parte dos seus clientes iam para os conselheiros religiosos (ou "sábios") da comunidade. Dentre os problemas que estes tratavam, e que hoje estão no consultório do médico, estão problemas relacionados com o vício, como o alcoolismo, o uso de drogas, a obesidade, o fato de uma pessoa saudável pensar que está doente (que compõe grande parte do trabalho diário dos médicos), certos tipos de violência física como os que levam à síndrome da "criança espancada" ou da "esposa espancada", crises existenciais, a incapacidade de engravidar ou de deixar de engravidar, o descontentamento com o emprego ou com a vida sentimental, a enurese noturna, o desvio e os distúrbios sexuais, a anorexia nervosa, o cansaço físico ou mental, a dificuldade de relacionamento, a incapacidade de encontrar significado na vida e a infelicidade. Até mesmo a gravidez — na prática — geralmente é considerada uma "doença" de nove meses que limita a pessoa e que freqüentemente requer uma cirurgia no final.

Quando Stalin governava a União Soviética, a discordância dos preceitos do Comitê Central era considerada prova *prima-facie* de doença mental, e era bastante provável que o dissidente político se tornasse um "paciente" médico e acabasse num hospital para doentes mentais. A crença de que era possível modificar ou melhorar a situação social ou política era definida como "esquizofrenia lenta", cujo tratamento equivalia ao confinamento num hospital psiquiátrico. Na China maoísta, a doença mental era considerada um problema político, e as pessoas que apresentavam desvios psicóticos eram colocadas aos cuidados de políticos maoístas. (Não está bem claro se essa situação teria mudado recentemente.) O psicótico era visto — pelo menos inconscientemente — como um inimigo que precisava de crítica e de autocrítica para se tornar politicamente ativo e, por conseguinte, saudável.

Fazemos a mesma coisa nos Estados Unidos, mas geralmente limitamos a punição às crianças, que não têm voz ativa. As crianças que fazem objeção à má qualidade do ensino e à medíocre teoria educacional são entregues ao setor médico do Sistema para receber medicamentos e serem novamente treinadas. Acredita-se que drogas como o Ritalin farão com que fiquem "curadas" de suas objeções a um sistema educacional que está à beira do desastre. (Também usamos de vez em quando definições médicas com um objetivo político. Dois casos que se enquadram nesta categoria são o de Ezra Pound e o do general James Walker.)

No que diz respeito ao uso de drogas em crianças muito ativas (ou seja, crianças que não estão ajustadas à escola), nossa abordagem atual também é usada pelo menos por uma cultura primitiva. Entre os índios Jivaro da América do Sul (uma das sociedades mais hostis e agressivas já descobertas), se uma criança sempre se comporta mal, fazem com que ela tome à força um alucinógeno poderoso (datura). A teoria reza que a droga permitirá que a criança perceba corretamente a "realidade", e começará, então, a se comportar melhor. A maneira como essa abordagem difere da nossa (a não ser na escolha da droga) foge ao meu entendimento.

Além disso, hoje em dia é o médico que decide quem pode dirigir um carro, ficar afastado do trabalho, imigrar, tornar-se um soldado; quem tem competência para distinguir o certo do errado, quem tem chances de oferecer perigo a si mesmo e aos outros, ou quem está realmente doente e não faz mais jus aos dispositivos que conservam a vida; quem é incompetente demais para administrar os próprios negócios; quem recebe o primeiro órgão disponível para um transplante, e quem precisa esperar. Com essas atribuições e o tipo de treinamento que recebem, será que ainda causa surpresa o fato de entre os médicos o número de casos de ataques do coração, de uso de drogas e de suicídio ser tão alto? (O suicídio é a segunda causa mais comum de morte entre os estudantes de medicina, e é mais freqüente entre os médicos do que as mortes combinadas decorrentes de acidentes automobilísticos, de desastres de avião, de homicídios e de afogamentos. As drogas e o álcool são responsáveis pelo menos por um terço do período que os médicos, como grupo, passam hospitalizados durante o exercício da profissão.)

Com a medicalização da sociedade americana, o médico tem agora o poder de legitimar a "doença" da pessoa (o sentimento de estar doente) reconhecendo que ela realmente tem uma doença. Ele também tem o poder de negar essa legitimidade. Se você não estiver doente da maneira certa com os sintomas corretos, você é rotulado de hipocondríaco, aproveitador (se você der a impressão de que está tendo alguma vantagem financeira com a doença), ou neurótico. As penalidades por estarmos doentes de uma maneira incorreta vão do ostracismo social ao não pagamento dos fundos de invalidez e desemprego. As penalidades por ficarmos doentes da maneira incorreta no Exército ou na prisão são óbvias.

A definição de medicina do século XIX, ainda hoje usada nas escolas de medicina, era "A ciência que se ocupa da prevenção e cura da doença". O conceituado *Stedman's Medical Dictionary* define a doença como: "Morbo, Enfermidade, Moléstia. Uma interrupção ou perversão das funções de qualquer órgão, uma alteração mórbida em qualquer tecido ou um estado anormal do corpo como um todo, que continua por um período mais longo ou mais curto." É isso que o médico foi treinado para enfrentar, e é basicamente *tudo* o que o médico foi treinado para enfrentar.

Certa quantidade de "etnocentrismo" se desenvolve em todas as profissões. (George Bernard Shaw escreveu: "Toda profissão é uma conspiração contra a pessoa leiga.") O advogado sacrifica a visão mais ampla da humanidade para concentrar-se na propriedade e nos delitos; o padre, na santidade; o acadêmico, no aprendizado; o mestre-cuca, na comida; e o médico, na doença e na terapia. A população é encarada a partir de um ponto de vista especializado, e as ações são inevitavelmente interpretadas à luz dessa visão, em vez de a partir de uma perspectiva mais universal.

Treinado para detectar a doença, o médico amiúde só consegue *ver* a doença e não consegue perceber o funcionamento normal. As variações individuais na função e no comportamento são, com excessiva facilidade, percebidas como patologia. Numa experiência, oito pacientes falsos foram admitidos em instituições para doentes mentais alegando que ouviam vozes. A partir da internação, eles passaram a se comportar normalmente. Toda a equipe continuou convencida de que eles eram "esquizofrênicos", como eles haviam sido rotulados ao serem admitidos na instituição e não perceberam que não havia psicose nenhuma. A equipe não pareceu capaz de reconhecer um comportamento normal nos pacientes, embora alguns dos outros pacientes suspeitassem da representação. Uma experiência com psicanalistas altamente treinados teve resultados bastante semelhantes.

Por causa da atitude geral que se desenvolveu — a de que a saúde é a ausência da doença, e que o médico precisa assumir o papel ativo e "fazer alguma coisa" a respeito de cada problema — médico e paciente se colocaram numa situação bastante difícil. A tarefa do médico é "resolver" o problema, e a responsabilidade é considerada dele, e não do paciente. Quando temos um problema e procuramos um médico, nossa atitude é bem parecida com a que temos quando levamos nosso carro a um mecânico. "Ele custa a pegar de manhã", dizemos. "Por favor, veja o que você pode fazer." Esperamos que o mecânico faça fisicamente alguma coisa, e não que ele diga ao carro que ele precisa mudar de atitude, de dono, ou que ele é um Oldsmobile e tem vivido a vida como se fosse um Buick, apenas porque os Buicks são os carros que estão na moda este ano. Não esperamos que o mecânico nos diga que o carro tem a capacidade de se consertar sozinho e que precisamos descobrir o que o tem impedido de fazer isso. Se ele não consegue consertar o carro, nós o chamamos de incompetente e procuramos outro mecânico que consiga consertá-lo.

Quando abordamos um médico da mesma maneira — e, por ser uma criatura da mesma cultura que a nossa, o médico tem as mesmas atitudes e expectativas que nós temos —, nós o forçamos a "fazer alguma coisa" a respeito do problema. O resultado é que o paciente geralmente deixa o consultório medicado, freqüentemente supermedicado, algumas vezes até mesmo com alguma cirurgia marcada — completamente desnecessária. E tudo porque nos consideramos máquinas que precisam ser consertadas e não organismos que precisam ser cultivados.

A atitude do jardineiro é muito diferente. Se algo está errado com o desenvolvimento de uma planta, o jardineiro examina todo o ambiente que rodeia a planta e ao qual ela reage. De que modo as necessidades e potencialidades geneticamente determinadas da planta agem reciprocamente com o ambiente? (Nos seres humanos, chamamos essa ação recíprova de "estilo de vida".) O jardineiro determina então o que a planta precisa — uma maior ou menor quantidade de sol, minerais, um equilíbrio ácido-básico na sua nutrição, espaço ao redor dela, e assim por diante. (Dando seguimento à analogia com os seres humanos, quais de suas necessidades físicas, mentais, interpessoais ou espirituais estão superalimentadas ou erroneamente alimentadas?) O jardineiro lida com o todo — com o organismo num ambiente. O mecânico conserta peças que não funcionam. É por isso que parece claro que, no caso da "doença" e da "saúde" humanas, duas atitudes diferentes são necessárias. Embora alguns profissionais sensatos talvez sejam capazes de abranger as duas, parece claro que, no futuro, vamos precisar de dois conjuntos separados de profissionais trabalhando em conjunto.

Uma máquina está "doente" quando não está funcionando adequadamente e precisa de um mecânico para consertá-la. Ela está saudável quando está funcionando perfeitamente e não precisa de um mecânico. Analogamente, apesar de todas as definições e argumentos, a cultura ocidental deixa o ser humano como doente quando ele precisa de um médico e saudável quando ele não precisa. *A definição moderna de saúde é a ausência de doença.* Quando analisamos tudo o que se fala atualmente sobre "health care delivery systems", descobrimos que estas palavras significam simplesmente sistemas para ligar um indivíduo, que a cultura define como doente, a um profissional da área médica. Com efeito, não existem coisas como "health care delivery systems"; existem apenas sistemas de conexão entre pessoas doentes e médicos.

O fato de que a visão que a medicina atual tem dos seres humanos é a mesma dos mecânicos com relação às máquinas pode ser demonstrado numa grande variedade de exemplos. Um deles seria que o "progresso deficiente" é visto como um problema a ser "corrigido", ao passo que o "progresso excessivo" não é. Uma máquina precisa ser consertada quando não é eficiente o bastante, e não quando é excessivamente eficiente.

No entanto, todo jardineiro e todo fazendeiro sabe que essa atitude não pode ser aplicada aos organismos vivos. O fato de uma planta crescer além do seu ritmo ou tamanho ideal é um sinal de que há graves problemas. O desenvolvimento excessivo de uma planta é encarado como um problema. Numa máquina ou num ser humano, não é.

Quando um médico, que encara o corpo em processo de envelhecimento de um paciente como uma máquina que está se desgastando rapidamente, diz — ou concorda com a declaração do paciente — que determinado sintoma é causado pela velhice, ou quando ele diz algo idiota como: "O que você pode esperar na sua idade? Você sabe que não é mais um broto", ele está reforçando a sensação do paciente de que está perdendo o controle, bem como o sentimento de impotência e dissolução gradual diante de um processo inexorável. O reforço do desamparo do paciente enfraquece a capacidade deste de lutar para controlar sua vida. Se você dissesse a um artista que seus quadros um dia se deteriorariam e se perderiam, você estaria dizendo a ele uma verdade, mas certamente não o estaria ajudando a desenvolver sua criatividade.

Uma resposta mais significativa seria: "Vamos ver o que podemos fazer para diminuir o efeito do sintoma, mesmo que não consigamos eliminá-lo completamente, e vamos em frente para ver de que maneiras a estrutura global da sua vida pode ser intensificada e se tornar mais rica e vigorosa." Uma resposta deste tipo reforça o senso do eu do paciente como ser humano e o ajuda a assumir o controle do seu destino.

O médico freqüentemente diz algo assim ao paciente: "Muita coisa depende da sua atitude." O que ele geralmente quer dizer é o seguinte: "Se você for um bom paciente e fizer o que eu mando, e se não fizer perguntas inoportunas, as coisas ficarão muito mais fáceis para mim e não terei que lidar com você como um ser humano que está sofrendo." Certo paciente que tinha câncer observou que todos os seus médicos falavam que sua atitude era importante, mas ficavam muito pouco à vontade e mudavam de assunto quando ele ou sua família mencionavam atividades como a oração, grupos de apoio, a cura psíquica, meditação ou psicoterapia — coisas que fazemos para mudar nossa atitude. De um modo geral, os médicos que defendem as atitudes positivas se sentem mal com qualquer discussão a respeito das técnicas para alcançá-las, exceto com as abordagens muito superficiais. Desse modo, Carl Simonton — que prescreve a meditação para seus pacientes de câncer junto com as técnicas médicas tradicionais (ele é radiologista, com certificado do Conselho de Saúde) é freqüentemente repudiado por outros especialistas em câncer porque seus métodos contrariam suas suposições básicas — que eles estão lidando com os problemas de uma máquina e que a idéia de lidar com a mente (ou atitude) de uma máquina é esquisita e desconcertante. A mesma coisa é verdadeira com relação à maneira pela qual muitos médicos encaram seus colegas psiquiatras. Eles sentem que, tão logo o psiquiatra faz outra coisa além de administrar drogas, ele está se afastando da "verdadeira medicina", que ele deixou o domínio da ciência (que eles encaram como o modelo mecanicista da física do século XIX) e que está às voltas com coisas sem importância.

Todo médico experiente sabe que um sintoma mortal se manifesta quando um paciente com uma doença grave declara: "Não faço questão de melhorar. A vida não significa muito para mim." Ou outras afirmações desse tipo. Inversamente, o médico também conhece a importância da vontade de viver, bem como o significado do modo de vida de uma pessoa na determinação do resultado de uma doença. Além disso, ele já viu a freqüência com que a aposentadoria prematura provoca a decadência e a morte, e como o índice de mortalidade relativo a todos os tipos de doença são muito mais elevados nos bebês que não têm amor e carinho suficientes do que nos que não têm esse problema. Não obstante, em decorrência do treinamento e do ponto de vista mecanicista do médico, e porque ele vê basicamente a si mesmo — e é visto pelos seus pacientes — como um reparador, ele tende a se sentir muito pouco à vontade na presença de abordagens que *fazem alguma coisa* a respeito desses fatores. A psiquiatria é considerada inferior à "verdadeira" medicina; a meditação e a oração são vistas, na pior das hipóteses, como superstições e, na melhor, como uma fraca terapia ocupacional. O médico, por conseguinte, tende a desprezar as implicações desse importante e comprovado sintoma porque não se enquadra no seu sistema de pensamento. Os médicos, bem como as outras pessoas, são algumas vezes a favor da seguinte máxima: "Se o fato não está de acordo com sua teoria, ignore-o."

Certa paciente expôs muito bem seus sentimentos a respeito da atitude mecanicista do seu médico. Ele lhe prescrevera um angiograma. Nesse procedimento, um tubo fino e longo é inserido numa artéria na virilha e cuidadosamente empurrado para cima, através da artéria, até que a extremidade do tubo fique dentro do coração, para que este e as artérias coronárias possam ser tingidas e fotografadas. Quando a paciente ouviu a descrição do procedimento, ela ficou — como você e eu ficaríamos — um pouco ansiosa, e manifestou o desejo de conhecer o especialista que iria fazer o exame, e de conversar com ele. Seu cardiologista disse: "Você não precisa conhecer a pessoa que vai fazer o exame. Todos aqui somos bons técnicos." A paciente respondeu: "Mas eu não sou um automóvel."

Como parte da grande efervescência que está ocorrendo hoje na medicina ocidental, há um reconhecimento cada vez maior da necessidade de reexaminar os conceitos e as definições tradicionais. Médicos, clínicas e teorias "holísticas" e "humanistas" estão surgindo por toda parte nos Estados Unidos. Um grande número de pessoas leigas está rejeitando a medicina tradicional, em parte ou no todo, e está tentando resolver a doença e os problemas de saúde por meio de uma ampla variedade de técnicas que vão de abordagens inteligentes e cuidadosamente analisadas a outras baseadas na mais absoluta insensatez. Dentre essas técnicas estão a nutrição, a homeopatia, as grandes quantidades de vitaminas, o salmodiar, as meditações, a massagem nos pés, a manipulação de placas no crânio, o uso dos cristais e de pulseiras de cobre enquanto a pessoa fica sentada debaixo de estruturas com a forma de pirâmides, a cura psíquica, a acupuntura, a ioga e muitas outras. Algumas dessas pessoas ficaram tão zangadas e contrárias à medicina tradicional, que se esqueceram do "Primeiro Teorema" do psiquiatra Jules Eisenbud: "O fato de uma idéia ter sido rejeitada pela ciência moderna não significa *ipso facto* que ela seja válida."

O antigo historiador grego Heródoto descreveu uma experiência que fora realizada numa cidade persa que ele visitara. Durante um ano, as autoridades fizeram o acompanhamento de todos os pacientes tratados pelos médicos, registrando como eles haviam reagido às técnicas médicas aceitas. Depois disso, eles exilaram os médicos durante um ano e construíram um pórtico sombreado no centro da cidade. Todas as pessoas doentes iam diariamente até lá ou pediam a seus parentes que as levassem. Os transeuntes eram encorajados a conversar com uma das pessoas doentes a respeito dos sintomas dela e a discutir as próprias idéias sobre o assunto. As experiências de outras pessoas que eles tinham conhecido com os mesmos sintomas eram descritas, bem como os remédios que haviam sido tomados. Os pacientes eram livres para seguir qualquer conselho que desejassem. No final desse ano, as autoridades da cidade compararam os resultados dos dois períodos de teste (esta foi provavelmente a primeira experiência médica "controlada" registrada na história) e decidiram tornar o exílio dos médicos permanente!

Em virtude de estarem com raiva e desiludidos com a medicina moderna, muitas pessoas provavelmente achariam que os antigos persas tiveram uma idéia bastante razoável. No entanto, qualquer um que examinasse as taxas comparativas de mortalidade no império persa (ou de qualquer sociedade anterior à nossa) e as da era moderna rapidamente perceberia a falácia deste conceito.

A revolução na medicina ocidental foi muito mais longe do que geralmente se percebe. Os médicos e os enfermeiros estão estudando e praticando a cura psíquica. Publicações médicas conceituadas apresentam artigos sobre como rir e ficar saudável, e o Walter Reed Army Medical Center está oferecendo seminários intensivos sobre abordagens holísticas e humanistas na medicina. Até mesmo os mais conservadores baluartes da medicina tradicional estão questionando suas suposições pessoais e experimentando a mudança.

Para compreender o que está acontecendo hoje na medicina, é preciso examinar um conflito básico que vem sendo continuamente travado há pelo menos 2.500 anos. Trata-se do problema de o que o médico basicamente deveria tentar fazer. Deveria ele, ativa e vigorosamente, *intervir* quando o paciente está doente por meio da cirurgia e de fortes medicamentos para *vencer* a doença? Ou deveria, em vez disso, concentrar-se em descobrir maneiras de apoiar os processos naturais de cura do paciente? Na verdade, deveria ele ser fundamentalmente um *mecânico* e reparar o corpo doente, ou um *jardineiro* e ajudar o corpo a superar a doença e avançar rumo à saúde?

Seria tolo argumentar que o médico deva ser completamente um ou outro. Ambos os papéis são claramente necessários. Por mais mecanicamente orientado que seja um cirurgião, ele tem consciência de que as melhores suturas do mundo podem apenas juntar os lábios de um ferimento de certa maneira para que a cura possa ocorrer e os mecanismos de recuperação do paciente acabem por cicatrizá-lo. O mais fervoroso adepto da "cura natural" certamente concordaria em que se uma artéria estiver cortada e sangrando muito, é preciso realizar de imediato um intervenção cirúrgica.

A medicina não é e nunca foi uma questão de um extremo ou outro. A questão da ênfase, contudo, é extremamente importante, e as linhas de frente da batalha têm avançado e recuado pelo menos desde o tempo de Hipócrates. Com efeito, é dele a primeira declaração clara defendendo um dos lados de que temos registro. Ele via a doença como sendo formada por dois elementos — o sofrimento (*Pathos*) e as tentativas reparadoras de cura do corpo (*Ponos*) — e acreditava que o médico deveria basicamente tentar entender e ajudar o *Ponos*. Ao relatar isso, Maimônides, um médico do século XII, escreveu:

> *Galeno já nos explicou que os antigos gregos, quando em dúvida quanto ao que fazer em determinada doença, não faziam nada e deixavam o paciente entregue à Natureza, que eles consideravam suficiente para curar todas as doenças... E é verdade que o médico deve ajudar a Natureza, apoiá-la e não fazer mais nada além de segui-la.*

Na época dos romanos, continuou o conflito entre os que acreditavam nas faculdades de cura do corpo e na cooperação com ele (os hipocráticos), e os que achavam que essa abordagem passiva era inútil, mera "meditação sobre a morte", e que a intervenção ativa era necessária (os seguidores de Asclepíades de Bitínia), com violentos debates e insultos de ambas as partes.

A idéia de que grande parte do que é percebido como "doença" resulta das atividades de reparação e de cura de si mesmo não se perdeu depois do período clássico, sendo também típica da abordagem medieval. Assim, de acordo com a Teoria dos Humores (a teoria médica aceita no período), acreditava-se que a doença resultava de um excesso de um de quatro tipos de fluidos no corpo, e que, quando ocorria essa condição, certa propensão que o corpo tem de se curar a si mesmo automaticamente entrava em ação. Por exemplo, essa propensão elevava a temperatura do corpo para "cozinhar" o excesso de fluido "cru", e depois separava as partes cozidas das cruas. O médico *cooperava* com essa propensão auto-restauradora. Ele dava ao paciente bebidas quentes e o aquecia externamente para ajudar o cozimento. A seguir, ele ajudava o corpo a desembaraçar-se dos excessos "cozidos" administrando purgantes, vomitórios e fazendo sangrias. Assim, a partir do ponto de vista do médico, toda doença era um processo que ele podia ajudar a regular cooperando com a capacidade que o paciente tem de curar-se a si mesmo.

De acordo com Paracelso, o conhecido médico do século XVI, "O homem é o seu próprio médico e encontra ervas de cura em seu próprio jardim. O médico está dentro de nós mesmos, e todas as coisas que precisamos estão na nossa natureza".

Nessa época, a medicina estava dividida entre os médicos galênicos, como o próprio Paracelso, que aprovava os preparados herbáceos destinados a cooperar com os esforços de cura do corpo, e os médicos "espagíricos", que defendiam o uso da cirurgia, do cautério e dos preparados químicos destinados a intervir ativamente no processo da doença. Os comentários que eles faziam a respeito uns dos outros eram bastante semelhantes às observações feitas hoje em dia pelos oponentes da medicina "holística" e da medicina "tradicional".

Quando a Igreja permitiu, no século XVII, a dissecação humana com objetivos médicos, ela reforçou a idéia, que já se desenvolvia na filosofia do período, de que o corpo e a mente eram separados e deviam ser considerados separadamente. A base para o dualismo cartesiano da nossa época foi enormemente fortalecido. O corpo físico podia ser dissecado e investigado pelos anatomistas; a alma e a mente continuavam a ser domínio da teologia e da filosofia. Como o corpo e a mente haviam sido separados pela Igreja, e como a ciência da época era mecanicista, passou-se a acreditar que o corpo em si era uma máquina, a doença uma conseqüência do colapso dessa máquina e a tarefa do médico era reparar mecanicamente as peças.

A medicina adotou cada vez mais a visão de que a tarefa do médico era intervir ativamente na doença e vencê-la. Pouco a pouco, a idéia de que o corpo possuía habilidades autocurativas se perdeu. Alguns médicos tentaram restaurar o antigo ponto de vista ou encontrar um equilíbrio, mas não foram bem-sucedidos.

Na Europa e na América do século XVIII, a opinião médica estava basicamente do lado da intervenção ativa contra a doença. O médico via a si mesmo como o inimigo do processo da doença, e sua tarefa era lutar contra ele. Não obstante, seu conhecimento e seus instrumentos eram como sempre insuficientes e ineficazes, e nem ele nem os que defendiam os métodos "naturais" de cura eram capazes de fazer grande coisa. Nenhuma das duas escolas tinha muito conhecimento e, o que era pior, a maior parte daquilo que pensavam que sabiam estava errada.

Ambas as escolas matavam centenas de milhares de pessoas. Os "naturopatas", provavelmente, obedeciam num grau muito maior à "Primeira Lei" de Hipócrates (*Primum non nocere*: Acima de tudo, não cause dano) porque agiam de um modo menos agressivo e seus medicamentos eram mais fracos. Talvez seja esta a razão pela qual, no início do século XIX, a opinião pública começou a preferir essa abordagem.

De um lado, estava o Popular Health Movement (PHM) e, do outro, os médicos ortodoxos. Os partidários do PHM usavam principalmente remédios feitos com base em plantas e ervas, e atacavam os médicos tradicionais pelos seus tratamentos "bárbaros", pelos seus honorários e pela sua "arrogância". Eles buscavam "devolver a medicina ao povo", "fazer de cada homem o seu próprio médico", parcialmente através das Friendly Botanical Societies, de Samuel Thompson. Em oposição a eles, estavam muitos médicos importantes como o francês F. J. V. Broussais, que acreditava que só medidas ativas poderiam curar a doença, porque o corpo não tinha um poder de cura natural. No final, o PHM e seus aliados tiveram tanto sucesso que nos Estados Unidos, Estado após Estado começaram a revogar as leis que concediam a licença aos médicos, e em 1849 apenas Nova Jersey e o Distrito de Columbia ainda tinham essas leis nos livros. Qualquer pessoa podia pendurar uma tabuleta com os dizeres João da Silva, Médico, ou Maria de Souza, Médica. Parecia que a abordagem à medicina com o lema de "intervenha e vença" fora fragorosamente derrotada.

Muitos médicos ortodoxos do período também acreditavam que deveria haver uma abordagem mais ampla à arte da cura do que a medicina tradicional era capaz de fornecer. Benjamin Rush, que foi Cirurgião Geral do Exército Continental (e um dos que assinaram a Declaração da Independência), escreveu o seguinte:

> *A Constituição desta República deve reservar uma cláusula especial para a Liberdade Médica bem como para a Liberdade Religiosa... Restringir a arte da cura a uma única classe de homens e negar iguais privilégios a outros representará a Bastilha da ciência médica. Todas essas leis são anti-americanas e opressivas.*

No decorrer da metade do século seguinte, contudo, essa imagem foi completamente alterada. Por meio de duas grandes descobertas, a capacidade de os médicos intervirem com sucesso contra a doença e curá-la tornou-se maior do que em qualquer outra época da história. A teoria dos micróbios e a conseqüente introdução da assepsia nas cirurgias, por um lado, e a aliança da medicina com a ciência incipiente da química, por outro, levaram a um novo e extraordinário controle de muitas doenças até então fatais. Moléstias transmissíveis e infecciosas, como a tuberculose, a varíola e o tifo foram amplamente controladas. A Revolução Sanitária no final do século XIX — quando o suprimento de água foi melhorado, as leis relacionadas com a habitação aprovadas, as roupas de baixo de linho tornaram-se mais populares (eram muito mais fáceis de serem lavadas do que as antigas roupas de baixo de lã, o que aumentava a probabilidade de serem lavadas com mais freqüência), e a *atitude* do público com relação à limpeza desenvolveu-se — desempenhou um papel importante, bem como a vacinação e inúmeras outras técnicas médicas. Os hospitais se mudaram de lugares em que as pessoas, quando não morriam da doença que as tinham levado até lá, morriam por contrair infecções durante seu internamento; estes hospitais foram transferidos para lugares onde os benefícios recebidos durante o internamento superavam amplamente os riscos.

O conflito entre os médicos galênicos e os espagíricos, que começara no século XVI, continuou no século XX, quando as grandes indústrias farmacêuticas perceberam que enormes ganhos acenavam para elas nos medicamentos químicos. Ao contrário dos remédios naturais, eles podiam ser patenteados. O desenvolvimento da química possibilitou a síntese laboratorial de muitos produtos naturais. Eles poderiam não só ser mais bem padronizados quando fabricados dessa maneira, como também, por serem patenteáveis, podiam se constituir na fonte de grandes lucros. As novas indústrias farmacêuticas fizeram um maciço trabalho promocional para convencer a população de que os produtos químicos eram superiores aos naturais. Esse esforço teve grande sucesso. Nos armários de remédios da nação, as ervas cederam espaço a seus correspondentes sintéticos.

Desde 1800, a medicina tradicional tem-se baseado amplamente numa antiga idéia denominada a Doutrina dos Contrários. A idéia é tão simples e óbvia, que passou a ser considerada sensata e fundamental. Qualquer pessoa que a questione é tida como simplória ou fanática.

O escritor da área médica Brian Inglis descreveu essa doutrina simplesmente assim: "... que, quando o corpo passa a funcionar sem equilíbrio, um procedimento contrário deve ser aplicado. Assim, um homem que sofre de prisão de ventre recebe um laxativo; se ele está com febre, encontram-se maneiras de esfriá-lo, e assim por diante."

Quando se descobriu que os micróbios estavam envolvidos em muitas doenças, a idéia parecia válida. Se os micróbios fossem eliminados, a moléstia poderia ser curada. Se o paciente saísse de um padrão normal — a presença de bactérias específicas — bastava que o médico as atacasse e destruísse, que a doença seria curada.

Este conceito certamente ensejou um grande progresso em muitas áreas e acabou com a ameaça de muitas doenças. Não obstante, ele também impediu o entendimento de dois importantes fatores: primeiro, a capacidade de o paciente se curar a si mesmo, e o fato de que muitos sintomas (desvios do normal) são resultado de tentativas de recuperação do corpo — *o Ponos* de Hipócrates. Em segundo lugar, que muitos pacientes não desenvolvem a doença em seus sistemas; que o conceito de "causa-única" da doença, embora algumas vezes produtivo, é sempre falso.

Uma das razões pelas quais conservamos a teoria da doença de um único fator (cada doença é causada por um fato, um micróbio, um vírus, e assim por diante) é que ela simplifica as coisas e torna mais fácil lidar com os problemas. E, além disso, nós, seres humanos, preferimos as explicações e abordagens simples. Em 1979, houve uma epidemia entre as crianças das favelas de Nápoles, na Itália, que começaram a morrer de uma infecção virótica fulminante. Todos concordavam em que apenas as crianças que moravam nas favelas estavam morrendo. Os especialistas de Nápoles entraram imediatamente em contato com o Centro de Doenças Transmissíveis de Atlanta, na Geórgia, para tentar descobrir uma vacina. Pense agora em como essa orientação simplifica as coisas. Desprezamos a grande questão de por que o vírus ataca quando se aproxima dos limites de uma favela e se mantém afastado das crianças dos bairros mais nobres. Não precisamos nos preocupar com problemas como a melhoria da alimentação e da moradia, da qualidade do ar, etc. Os problemas sociais são complicados. A idéia de que o vírus se equipara à doença faz com que não demos atenção a esses problemas.

(Isso está relacionado com o fato de insistentemente nos apegarmos à visão mecanicista do universo. Uma das razões que nos levam a nos apegarmos a ela — a despeito de um grande número de provas em contrário — é que ela é a visão mais simples e menos desgastante de como as coisas funcionam já desenvolvida pelos seres humanos. Ela pode não ser válida, pelo menos para grande parte da experiência, mas é simples.)

A teoria do fator único está aos poucos desaparecendo na medicina. Um número cada vez maior de médicos está adotando o ponto de vista de que doença e saúde não são apenas problemas das células e sim de todo o organismo humano: que as *pessoas* contraem a doença e que é preciso, portanto, lidar com as pessoas para resolver os problemas médicos e de saúde. Típica dessa nova interpretação é a formação de organizações como Physicians for Social Responsability (Médicos para Responsabilidade Social) patrocinadas por médicos de prestígio e posição impecáveis, como Helen Caldicott, Jerome Frank, Herbert Abrams, Sidney Alexander e inúmeros outros.

A falácia da premissa da "causa-única" foi demonstrada com realce dramático em função da impossibilidade de ser aplicada a muitas doenças degenerativas. Apesar de projetos de pesquisa abrangentes e extremamente dispendiosos, *nunca foi encontrada uma causa única para essas doenças, nem existe a probabilidade de que se encontre*. Fazendeiros que nunca fumaram e que respiram o ar puro do campo tiveram câncer na garganta; atletas que têm os níveis de colesterol muito baixos têm ataques do coração; a esclerose múltipla parece atacar aleatoriamente.

A medicina holística rejeita a teoria da causa-única da doença. Ela se baseia na crença de que o paciente precisa ser visto como existindo em muitos níveis, igualmente importantes, e que providências devem ser tomadas contra a doença e em direção ao desenvolvimento da saúde no maior número de níveis possíveis. Além disso, é preciso projetar para cada paciente um método individual e único de caminhar "contra" a doença, e de estimular a resistência do paciente a ela bem como o progresso dele rumo à saúde.

A idéia de que existe um remédio natural para cada doença esperando para ser encontrado mudou neste século, e uma crença profunda na ciência substituiu a antiga fé na natureza. Em vez de esperar que talvez pudéssemos descobrir uma planta ou erva específica para curar cada doença, esperávamos agora, com a firme convicção de que isso aconteceria, que as indústrias farmacêuticas desenvolvessem uma substância *artificial* específica para cada doença. Com efeito, muitos desses remédios específicos foram desenvolvidos, inclusive medicamentos para moléstias como a disenteria amebiana, a malária, a doença do sono e o envenenamento do sangue.

Basta ler os relatos dos antigos historiadores sobre as epidemias que assolaram o seu mundo para compreender o quanto a revolução sanitária do final do século XIX, bem como as descobertas da medicina dos séculos XIX e XX, contribuíram para o nosso bem-estar. Quando lemos a respeito do desespero das pessoas quando Atenas, Roma, Bizâncio e o resto do mundo clássico e medieval eram repetidamente devastados, de como partes inteiras do mundo foram despovoadas, de como o curso da história foi alterado por doenças com efeitos misteriosos e terríveis, podemos começar a sentir o quanto avançamos.

O historiador bizantino Procópio descreveu assim a grande peste da era de Justiniano, que começou em 521 D.C.

> *Nesse período, houve uma pestilência que quase aniquilou a raça humana... Ela não atacou uma parte do mundo nem certos homens, tampouco se restringiu a uma estação particular do ano, permitindo que, a partir dessas circunstâncias, fosse possível descobrir sutis explicações para uma causa, mas abraçou o mundo inteiro e empestou a vida de todos os homens — embora estes diferissem acentuadamente um dos outros —, sem respeitar sexo ou idade... ela não passou ao largo de nenhuma ilha, caverna ou montanha habitada por seres humanos... A morte acontecia imediatamente, em alguns casos; em outros, depois de muitos dias... Com efeito, toda a questão pode ser descrita da seguinte maneira: o homem não descobriu nenhum expediente que pudesse salvá-lo, que lhe permitisse tomar precauções para não sofrer, que lhe pos-*

sibilitasse vencer a moléstia quando esta atacasse; mas o sofrimento chegava sem aviso...

Tão espetaculares foram os resultados das novas técnicas de tratamento da doença que as experiências que diziam ao médico que cada paciente tinha uma suscetibilidade e reação diferentes às infecções bacterianas, ou a outros tipos de infecção, ou a qualquer outro processo de doença, passaram a ser desconsideradas no treinamento médico. Gerações e gerações de médicos se formaram na escola de medicina treinados apenas para examinar especificamente a doença, sem se preocupar com o paciente doente. As diferenças individuais entre os pacientes foram amplamente esquecidas, bem como a capacidade deles de curarem a si mesmos. Estimuladas pelo grande prestígio obtido diante do público pela profissão médica em virtude de suas novas aptidões, bem como pela crença de que os médicos tinham, ou estavam desenvolvendo em seus laboratórios, a capacidade de vencer qualquer doença, as escolas de medicina não davam atenção, nem às advertências de muitos médicos eminentes e experientes a respeito das limitações da sua abordagem unidirecional, nem às provas irrefutáveis de que essas advertências tinham razão de ser.

Tanto as advertências como as provas em contrário eram muitas. Claude Bernard, um dos grandes pesquisadores da área da medicina no século XIX, escreveu: "As doenças nos rondam o tempo todo, suas sementes são sopradas pelo vento, mas elas não se fixam no terreno a não ser que este esteja preparado para recebê-las."

E acredita-se amplamente que as últimas palavras de Pausteur tenham sido: "Bernard está certo. O micróbio não é nada; o terreno é tudo."

Por volta de 1900, vários cientistas ingleses beberam em copos com culturas isoladas de casos fatais de cólera. Uma quantidade enorme de vibriões da cólera foi encontrada em suas fezes; nenhum deles contraiu a verdadeira cólera. Mais recentemente, voluntários americanos ingeriram bacilos da disenteria em condições ideais de infecção (foram usadas cápsulas entéricas cheias de fezes extraídas diretamente de pessoas com disenteria bacilar) e muito poucos contraíram a doença.

Na Catástrofe de Lubeck, em 1926, injetaram em 249 bebês, por acidente, grandes doses de bacilos da tuberculose. Trinta e cinco por cento deles morreram de tuberculose aguda, mas sessenta e cinco por cento sobreviveram e constatou-se que haviam se curado da doença doze anos depois.

O epidemiologista Richard Doll salientou que até mesmo poderosos agentes cancerígenos não causam necessariamente o câncer. 2.500 residentes de Hiroshima e Nagasaki que estava a menos de 1.100 metros do posto de explosão da bomba sobreviveram. Menos de 2 por cento desenvolveram leucemia — um número suficientemente alto para demonstrar os efeitos leucêmicos da radiação, mas suficientemente baixo para demonstrar a importância de outros fatores.

Muitos médicos isolados, alguns deles amplamente conhecidos e respeitados, perceberam o caminho perigoso e limitador que estava sendo trilhado pela medicina.

Em 1927, Francis Peabody, presidente da American Medical Association, escreveu num documento clássico:

> *A crítica mais comum feita no presente por médicos mais antigos é que os jovens graduados aprenderam muito a respeito do mecanismo da doença, mas muito pouco a respeito da prática da medicina — ou, falando mais claramente — eles são excessivamente "científicos" e não sabem cuidar dos pacientes.*

Havia muitas provas dramáticas na prática de cada médico de que cada paciente apresentava uma suscetibilidade e reação diferentes aos agentes causadores da doença. Sir William Osler, um dos maiores e mais respeitados médicos do início do século XX, fez uma declaração famosa e freqüentemente repetida: "É mais importante conhecer o tipo de paciente que tem a doença do que saber o tipo de doença que o paciente tem." Mas, apesar das provas e advertências em contrário, a visão de que "um micróbio equivale a uma doença", de que cada doença é causada *apenas* por uma bactéria específica, tornou-se ainda mais arraigada. As diferenças individuais entre os pacientes e o fato de que estes tinham dentro de si processos restauradores de cura inerentemente naturais foram completamente esquecidos.

Na primeira metade do século XX, muitas pessoas da área médica perceberam que a separação da mente e do corpo no diagnóstico e no trabalho fora longe demais e estava impedindo um progresso ulterior. Essa idéia deu origem à medicina holística.

O romancista do século XVIII, Laurence Sterne, escreveu em *Tristram Shandy*: "O corpo e a mente do homem, e falo com a maior reverência a ambos, são exatamente como um gibão e seu forro; se amarrotamos um, amarrotamos o outro."

A teoria dos humores, que dominou a era medieval e a Renascença, encerrava um ponto de vista psicossomático complexo e sofisticado. Até o século XVII, não havia um verdadeiro conceito da separação entre mente e corpo. Foi só depois de Descartes que esse dualismo foi aceito. No final do século XIX, contudo, a separação chegara a um ponto em que a ação recíproca não era ensinada, e praticamente nem era mencionada no treinamento médico ou nos livros didáticos de medicina. A experiência dos médicos observadores, de que os estados mentais afetavam o funcionamento do corpo, era simplesmente desconsiderada.

Foi deixado para o campo incipiente da psiquiatria, nos cinqüenta anos seguintes, o reconhecimento da crucial importância dessa ação recíproca em muitas doenças. A psiquiatria, aliada ao conhecimento cada vez maior nas áreas da fisiologia e da medicina interna, fez muitos médicos perceberem que não poderiam manter mais as rígidas linhas de separação, que a medicina e a cirurgia podiam lidar com doenças e sintomas específicos, mas que a condição emocional do paciente teria que se modificar para que o problema não voltasse a ocorrer.

Um dos melhores exemplos da nova abordagem é *Respectful Treatments: The Human Side of Medical Care*, de Martin Lipp. Nesse manual para médicos, Lipp ensina eficaz e lucidamente como lidar com um paciente como um ser humano completo e como evitar reagir a ele como uma entidade de doença. Ele mostra como o médico pode ser ao mesmo tempo um especialista em doença e um terapeuta da saúde. Seus pacientes são *respeitados*, e são envolvidos nas decisões médicas do caso e no tratamento que lhes é dado.

Em seu discurso presidencial à American Cancer Society em 1959, Eugene Pendergrass declarou:

Qualquer pessoa que tenha tido uma vasta experiência no tratamento do câncer sabe que há grandes diferenças entre os pacientes... Observei pessoalmente pacientes com câncer que tiveram sucesso com o tratamento e continuaram vivos e com saúde durante anos. Depois, a tensão emocional, como a morte de um filho na II Grande Guerra, a infidelidade de uma nora ou o fardo de um longo desemprego parecem ter sido fatores que precipitaram a reativação da doença, o que resultou em morte... Há sólidas provas de que o curso da doença em geral é afetado pelo sofrimento emocional... Assim, nós, na qualidade de médicos, podemos começar a enfatizar o tratamento do paciente como um todo, e da doença da qual o paciente está sofrendo. Podemos aprender a influenciar os sistemas gerais do corpo, e, por meio deles, modificar o neoplasma que reside no corpo.

À medida que avançamos... em busca de novos meios de influenciar o crescimento tanto no interior da célula quanto por meio de influências sistêmicas, espero sinceramente que possamos ampliar essa busca e saber que existe na nossa mente um poder capaz de exercer forças capazes de intensificar ou inibir o progresso da doença.

Os que praticam a arte da medicina têm estado em conflito com relação a uma questão pelo menos desde a época dos romanos, e provavelmente muito antes disso. Deve a medicina fazer o máximo e o mais ativamente possível, ou fazer o mínimo para lidar da maneira mais eficaz com a doença? Ela deve ser o rei Stork ou o rei Log? Deve o médico enfatizar a intervenção e a reparação, ou a cooperação com as defesas do corpo? Graças ao grande e inestimável desenvolvimento da tecnologia, nos últimos cem anos a medicina avançou cada vez mais em direção ao aspecto da intervenção ativa. Hoje *podemos* intervir bem mais e ser muito mais bem-sucedidos do que antes. Temos uma técnica de medicina *ativa* extremamente eficiente para muitas doenças. Mas estamos começando a perceber as limitações dessa abordagem e a compreender que, sem a cooperação das defesas e dos sistemas de reparo do corpo, há muitas coisas que não podemos fazer. Grande parte da luta e da efervescência hoje existentes na área da medicina resulta dessa percepção cada vez maior. Estamos começando a compreender que *a solução não está em abraçarmos uma ou outra abordagem, e sim em descobrirmos a melhor maneira de combiná-las de um modo diferente e apropriado para cada paciente.* Esta é a nossa concepção de "medicina holística":

1. O paciente existe em muitos níveis igualmente importantes.

2. Cada paciente é uma pessoa única, e precisamos encará-lo e reagir a ele como tal. Nenhuma pessoa pode ser validamente inserida numa classificação e depois encarada como se a classificação encerrasse tudo que é importante para ela.

3. O paciente deve ser ativa e conscientemente envolvido no seu tratamento. O relacionamento entre a pessoa que cura e o paciente deve ser de cooperação mútua entre dois especialistas com vínculos especiais e complementares de informação.

1

O poeta e filósofo Goethe escreveu certa vez: "A Natureza não tem semente nem casca." Ele estava expressando, nesse aforismo, o ponto de vista que estamos analisando aqui. Nenhum aspecto da pessoa, nenhum *domínio,* é mais importante do que outro. Suas necessidades químicas são tão cruciais quanto suas necessidades interpessoais, que por sua vez são tão importantes quanto suas necessidades espirituais. Todas são igualmente verdadeiras e nenhuma pode ser validamente reduzida à nenhuma outra. A medicina holística compreende a falácia da idéia do "nada mais do que": dizer que um ser humano não vale "nada mais do que" nove dólares em produtos químicos só é uma declaração válida se estivermos planejando usá-lo como fertilizante. A coragem não é "nada mais do que" uma reação-formação a necessidades passivo-dependentes. O amor não é "nada mais do que" uma coceira na virilha. Um concerto de violino não é "nada mais do que" o arrastar dos pêlos do rabo de um cavalo sobre as tripas de um gato. O sentimento religioso não é "nada mais do que" o medo do escuro. E o pensamento consciente não é "nada mais do que" uma mudança dos estados eletroquímicos do cérebro.

Assim como a psicologia não pode ser reduzida à biologia, a biologia também não pode ser reduzida à química. Os agentes biológicos, por exemplo, precisam ser testados como tal, não como agentes químicos. (É verdade que precisamos conhecer a química deles para podermos reproduzi-los e padronizá-los, mas eles se comportam de um modo bastante diferente como agentes biológicos do que o fazem como agentes químicos.) Para demonstrar isso, poderíamos usar um exemplo extremo, porém válido. Pego um frasco de água quimicamente tão pura que nenhum teste químico é capaz de revelar nela alguma impureza; nenhum deles revelará a presença de nada além de água. Do ponto de vista químico, a água é completamente inerte. Depois, eu borrifo essa água sobre o Estado da Virgínia e destruo toda a safra de tabaco do sul do país. A água contém uma molécula do vírus tabaco mosaico. Quimicamente, ela é inerte. Biologicamente, é uma bomba devastadora.

Salientando que cada domínio precisa ser compreendido a partir de seus aspectos particulares, e não como uma "redução" de outro, o psiquiatra Franz Alexander escreveu: "É dificilmente concebível que os diferentes movimentos de dois jogadores de xadrez possam ser mais claramente compreendidos sob o aspecto bioquímico ou neurofisiológico do que sob o aspecto lógico e psicológico."

Eugene Pendergrass, antigo presidente da American Cancer Society, destacou que o prognóstico dos pacientes com câncer é muito afetado pelo que acontece na vida pessoal deles. D.W. Smithers, antigo presidente do British Cancer Council, relatou a mesma experiência. Nenhum dos dois médicos tivera nenhum treinamento ou experiência psiquiátrica. No entanto, eles observaram e se relacionaram com seus pacientes, e puderam ver o que o médico do século XIX, ainda não afastado de seus pacientes por uma adiantada tecnologia, conhecia tão bem. Há agora uma considerável literatura que demonstra claramente o ponto de vista da medicina holística: que o paciente existe como uma pessoa única e completa e que precisa ser clinicamente avaliada e tratada como pessoa, e que todos os domínios do seu ser agem entre si. Em resumo, que a pessoa, e não apenas suas células, precisam ser avaliadas e tratadas.

O que o médico moderno esquece é que suas ações existem num contexto e não podem ser significativamente separadas dele. A atitude e as convicções do médico, bem como a maneira como o paciente as percebe consciente e inconscientemente, afetam de modo intenso os resultados dos seus medicamentos e procedimentos. Os sistemas de crenças do paciente no que diz respeito à eficácia dos procedimentos médicos afetam a atuação destes últimos. Como o médico freqüentemente demonstra entusiasmo a respeito de novos tratamentos, o paciente percebe o que o médico está sentindo, e os medicamentos tendem a ter mais eficácia no início do que mais tarde. Esta é a origem do antigo adágio médico: "Use o seu novo remédio enquanto ele ainda funciona."

Um dos medicamentos mais usados contra a sífilis no século XVI era o guáiaco, e muitas curas foram testemunhadas nessa época. Do ponto de vista moderno, o guáiaco não tem nenhum valor no tratamento da sífilis. Não obstante, há poucas dúvidas de que no século XVI ele foi com freqüência terapeuticamente eficaz. Isso também é verdadeiro com relação a muitos outros remédios e procedimentos cirúrgicos do passado. Podemos estar certos de que muitos dos medicamentos e dos procedimentos cirúrgicos muito usados atualmente serão vistos dessa mesma maneira no futuro.

Na medicina holística, geralmente tentamos não usar a expressão "níveis do ser" ou "níveis da pessoa" porque essa classificação parece implicar que alguns níveis são "superiores" ou "inferiores" ou, "mais reais" do que outros. Mais amiúde mencionamos "âmbitos da pessoa", "aspectos do ser", e assim por diante. Lamentavelmente, há a necessidade de dividirmos conceitualmente a pessoa para podermos lidar com mais eficiência com os problemas que enfrentamos. Na realidade, a pessoa age como um todo, mas nós simplesmente não temos a linguagem ou os conceitos que nos possibilitem lidar eficientemente com essa situação.

Por conseguinte, dividimos a pessoa em "aspectos", "âmbitos", "categorias", sabendo que se trata de uma realidade falsa, porém necessária para a maioria de nós. A divisão mais usual e conveniente parece ser a que nos divide em aspectos "físicos", "mentais-emocionais", e "espirituais". Sem dúvida, existem outras divisões tão práticas quanto esta, mas nós, no Ocidente, estamos acostumados a ela.

Ao falar em aspectos "físicos", estamos nos referindo aos aspectos da pessoa abrangidos pela nutrição, pelos padrões de exercício e de medicamentos tradicionais. Ao citar os aspectos "mentais-emocionais", estamos nos referindo aos aspectos geralmente abordados e discutidos no consultório do psicoterapeuta.

O termo "espiritual" provavelmente tem uma definição muito pobre na língua inglesa, apresentando um grande número de significados diferentes. Na medicina holística, tivemos que adotar um significado explícito. Este abrange dois tipos de atividades. Em primeiro lugar, há os tipos rigorosos e disciplinados de prece e de meditação que nos conduzem aos momentos de conhecimento de que somos uma parte do universo total e não podemos ser separados dele; que nossos sentimentos de solidão e alienação não passam de uma ilusão. Não importa se chamamos esses momentos de "consciência cósmica", "consciência crística", "satori", ou de qualquer outro nome que possam lhes ter sido dados pela humanidade. O segundo tipo de atividade se origina do fato de que somos ocidentais e não orientais, e que, no Ocidente, as pessoas envolvidas com o desenvolvimento espiritual sempre estiveram mais interessadas no que faziam do que no que sentiam. São João da Cruz escreveu: "Se você estivesse num estado tão profundo de êxtase quanto São Paulo, e um homem doente precisasse de um prato de sopa, seria melhor que você saísse do estado de êxtase e lhe oferecesse a sopa em consideração ao amor." E John Bunyan disse o seguinte: "No dia do Juízo Final, os homens serão julgados pelos seus frutos. Nesse dia, não lhe será perguntado se você acredita, e sim se você agiu ou se apenas falou." Na nossa expressão espiritual, é necessário demonstrar, através de nossos atos, que nos preocupamos com algo que está além de nós mesmos e da nossa família. Já observei pacientes com câncer que passam parte do seu tempo livre trabalhando para organizações defensoras da paz, para organizações ecológicas, para os Big Brothers e as Big Sisters, para a Cruz Vermelha, e que demonstram sua preocupação do seu modo particular. Não dou por encerrado o desenvolvimento de um paciente nesse estágio até que ele tenha melhorado a qualidade da sua vida nos três aspectos. Os casos reais expostos no final deste capítulo mostrarão como determinadas pessoas realizaram esse processo.

2

Cada paciente é uma pessoa única, e precisamos encará-la e reagir a ela como tal.

> *Se você der a mesma substância nutriente a um paciente com febre e a uma pessoa saudável, a doença do paciente é agravada por aquilo que fortalece o homem saudável.*
>
> — Hipócrates

Hans Selye, que foi a primeira pessoa a desenvolver o conceito de "estresse", apresenta três diretrizes em *Stress Without Distress* para que vivamos plenamente sem doenças nem moléstias em meio ao "desgaste da vida cotidiana". A primeira dessas diretrizes é: "Descubra suas predileções naturais e seu *nível* de estresse... Só por meio de uma autoanálise planejada podemos definir o que realmente queremos; um número excessivo de pessoas sofre a vida inteira por serem conservadoras demais para correrem o risco de empreender uma mudança radical e romper com a tradição."

Atualmente, estamos começando a compreender que os programas de tratamento individualizados são fundamentais para todas as artes da medicina e da cura. Deveríamos evitar, como se fosse uma praga, qualquer pessoa — nutricionista, médico, quiroprático, psicoterapeuta, agente de cura espiritual — que não compreenda essa idéia.

Os grandes mestres do misticismo sempre compreenderam que existe um caminho diferente para cada pessoa no desenvolvimento psíquico e espiritual.

Em sua autobiografia, Santa Teresa de Lisieux referiu-se aos problemas decorrentes de ser uma orientadora espiritual:

> *Sei que parece fácil ajudar as almas, fazê-las amar a Deus acima de tudo, e moldá-las de acordo com a vontade Dele. Mas, na verdade, sem a ajuda Dele, é mais fácil fazer o sol brilhar à noite. É preciso acabar com nossas preferências e idéias pessoais e guiar as almas ao longo do caminho especial que Jesus indica para elas, esquecendo-nos do nosso caminho particular.*

Quando pediram ao Profeta de Lublin que descrevesse um caminho universal para o serviço de Deus, ele retrucou: "É impossível ensinar aos homens o caminho que eles devem seguir. Porque um caminho é servir a Deus por meio do aprendizado, outro por meio da prece, outro por meio do jejum e outro ainda por meio da alimentação. Todos devem observar cuidadosamente qual o caminho indicado pelo seu coração, e depois segui-lo com todas as suas forças."

O Rabino Nachman de Bratislava escreveu num estilo semelhante: "Deus chama um homem com um grito, outro com uma canção e outro com um sussurro."

Lembro-me do comentário de um hábil e experiente psicanalista, Dr. Joseph Michael, durante uma reunião da equipe psiquiátrica de um hospital: "Estou prescrevendo o tratamento SNARIB para este paciente. Este tratamento será muito melhor para ele do que a psicoterapia ou qualquer outra coisa que possa existir na farmácia." Ele voltou-se então para o médico que apresentara o caso e, pedindo a ele que se certificasse de que o tratamento seria aplicado, deixou a sala de reuniões. Cada um de nós, não tendo a menor idéia de que método era esse, resolveu pesquisá-lo imediatamente. Quando uma pesquisa na biblioteca deixou de apresentar uma referência a um tratamento "SNARIB" ou mesmo a um Dr. Snarib, procuramos Michaels em grupo e lhe perguntamos a que ele se referira. Ele nos disse que o termo era uma sigla para um método de tratamento para o qual nosso treinamento médico e psicoterapêutico não nos preparara. Ele queria dizer "*Skillful Neglect and Rest in Bed*" (Com jeito, esqueça o caso e prescreva descanso na cama). Michaels prosseguiu dizendo: "É isso que *este* paciente precisa. Ele é um paciente totalmente típico no sentido de que ele é único e o que ele precisa é único. Quando encontrarem dois pacientes que precisem do mesmo tratamento, podem estar certos de que a semelhança está na maneira como vocês percebem os pacientes, e não neles. E se vocês encontrarem mais de dois pacientes que precisam de um tratamento idêntico, é muito provável que vocês estejam percebendo seus problemas pessoais, e não os deles, e prescrevendo para eles o que deveria ser prescrito para você."

É difícil enfatizar a importância deste pormenor. Estamos tão acostumados a acreditar que existe uma única maneira de fazer as coisas que os médicos tendem, automaticamente, a tratar os pacientes de acordo com esse conceito. Essa crença é fortalecida através de longos anos de educação médica enfatizando uma causa para cada doença e um procedimento correto que deverá ser seguido para combatê-la.

Diferimos enormemente uns dos outros no que diz respeito à nossa herança genética, à nossa experiência infantil e adulta do mundo, às maneiras e ao grau em que alimentamos ou reprimimos nossas necessidades, às maneiras e ao grau em que dirigimos nossas energias para dentro e para fora, à maneira como temos medo de nós mesmos e dos outros e ao significado que encontramos na nossa vida. Conhecer essas diferenças não encerra apenas um interesse teórico, mas é também fundamental em todos os níveis para o tratamento da doença e a busca da saúde. Um dos motivos pelos quais é preciso um anestesista experiente para acompanhar o paciente em toda intervenção cirúrgica importante é o fato de cada pessoa ter uma reação diferente a um anestésico. O médico responsável que decide prescrever um tranqüilizante, ou outra droga capaz de influenciar a mente, não optará simplesmente pela mais popular na classificação geral desejável, escolhendo, ao contrário, a prescrição mais adequada a esse paciente particular, avaliando a seguir a reação dele em intervalos freqüentes para verificar como essa pessoa única tolera a medicação. Ele sabe que não existem duas pessoas que reagem da mesma maneira a uma intervenção química.

O psiquiatra Abraham Meyerson costumava dizer: "Tão logo você chegue à conclusão, com base na teoria e na experiência, que todos os pacientes que têm 'A' também têm 'B', e que este é um fato absolutamente indiscutível, você pode ter a certeza absoluta de que em três dias um paciente entrará no seu consultório com 'A' e sem o menor sinal de 'B'. Isto certamente acontecerá. A única questão é: você conseguirá perceber isso?"

Há vários anos, levei uma parenta próxima para o Hospital Monte Sinai, na cidade de Nova York (um grande hospital-escola com uma excelente reputação) para que ela fosse submetida a uma importante cirurgia no abdômen. A droga usada habitualmente no hospital para o controle da dor durante a recuperação era Demerol. Essa pessoa não respondia ao Demerol; para ela, a droga tinha o mesmo efeito que uma pílula de açúcar. Fiz questão de descrever isso tanto para o cirurgião quanto para o anestesista. Como garantia (*Estou* habituado à inflexibilidade hospitalar), certifiquei-me de que em sua papeleta fosse escrito, com grandes letras vermelhas, "alérgica a Demerol". (Existem várias drogas muito boas e igualmente eficazes, cuja base é a morfina, para o controle da dor, como Dilaudid, Pantopon e a própria morfina.) Depois da cirurgia, na sala de recuperação, ela recebeu, é claro, uma grande dose de Demerol. Depois ela foi levada de volta ao seu quarto no hospital numa maca, gritando de dor, com a pressão e a temperatura perigosamente abaixo do normal e caindo. Como ela recebera uma grande dose de Demerol, nada mais poderia ser-lhe administrado durante algumas horas. O residente chefe foi chamado e ficou compreensivelmente preocupado. Ele permaneceu no atendimento, fazendo tudo o que podia até esgotar-se o tempo mínimo. Ele se dirigiu então à sala das enfermeiras do andar e voltou com uma seringa hipodérmica cheia de um líqüido, que ele imediatamente injetou na minha parenta. Quando, passados cinco minutos, não foi constatado nenhum efeito, eu lhe perguntei o que ele havia injetado. Ele retrucou, demonstrando surpresa diante da minha pergunta, que obviamente injetara Demerol, a droga que eles sempre usavam para as dores pós-cirúrgicas muito fortes. Isso significou que ela teve que passar mais três horas com dor, e, durante esse tempo, ela quase morreu. E teria morrido, não fosse o fato feliz de duas enfermeiras experientes e holisticamente treinadas por Delores Krieger* terem vindo ver como ela estava passando. Essas enfermeiras foram capazes de acompanhar a paciente durante as horas seguintes de dor, e elevar sua pressão sangüínea e sua temperatura empregando a respiração e exercícios de movimentos, a meditação, a auto-hipnose e a cura psíquica. Salvaram a vida dela, mas uma flexibilidade mental básica e uma abertura a novas experiências (sem mencionar a atenção à papeleta do paciente) da parte da equipe médica teriam evitado essa crise.

Na medicina holística, duas pessoas não podem ser tratadas da mesma maneira. Esta é a razão pela qual a única lei universalmente válida

---

* *Delores Krieger* é professora de enfermagem na New York Graduate School. Ela treina suas enfermeiras segundo uma abordagem invulgarmente holística ao paciente, examinando todos os seus aspectos de ser, desde o químico até o psíquico.

na psicoterapia é a Lei de Florence Miale, que reza que "qualquer reação do terapeuta que seja oriunda da técnica e não do sentimento humano é antiterapêutica". *Técnica* refere-se a uma maneira estereotipada de reagir a *classificações* de pessoas. Se tratamos as pessoas como se o que é importante a respeito delas fosse *apenas* a classificação que lhes demos, nós as reduzimos a menos do que elas são, e, portanto, nossa reação é antiterapêutica. O padrão de vida de cada pessoa, e sua possibilidade de expansão, é tão diferente para cada pessoa como o é para cada quadro sério ou composição musical séria.

Santo Tomás de Aquino escreveu as seguintes palavras na *Summa:* "Só ofendemos a Deus quando fazemos algo contrário ao nosso próprio bem." Não pode haver contradição na maneira como cuidamos dos elementos físicos, emocionais e espirituais do nosso ser. Como Aquino sabia tão bem, o que é verdadeiramente bom para um desses elementos da Gestalt, que é nosso ser, é, em essência, positivo para os outros. Ele escreveu: "Deus cuida de cada pessoa baseado naquilo que é bom para ela. É bom para cada pessoa alcançar este objetivo, ao passo que é mau para ela desviar-se do seu objetivo adequado." O fundador do movimento do desenvolvimento espiritual, Ba'al Shem Tov, escreveu:

> *Desde o início da criação, nenhum ser humano foi igual a nenhum outro. É tarefa de cada pessoa aprimorar essa qualidade única, e tem sido o fracasso em realizar essa tarefa que atrasou a vinda do Messias.*

3

O paciente deve envolver-se ativa e conscientemente em seu tratamento. Estas palavras não poderiam ser mais claras ou mais fortes.

> *O paciente precisa participar do seu tratamento. Ele precisa ajudar a si mesmo a melhorar. Participar é mais do que tomar um comprimido todos os dias. Ele precisa escolher sua dieta, seu exercício, seu relaxamento, etc. Em breve, teremos pacientes que não estarão mais tomando comprimidos... A cura milagrosa ocorre*

quando o paciente ajuda a curar a si mesmo... O que não fazemos pelo paciente é mais importante do que o que fazemos... Quando um paciente pergunta: "O que posso fazer para ajudar?", estamos diante de circunstâncias diferentes.

— Marvin Meitus, M.D.

A importância da participação do paciente nos procedimentos médicos é demonstrada na atual aceitação do movimento do "parto natural" e do papel da parteira moderna. Um dos aspectos mais interessantes do papel da parteira é que ele permite que a mãe — e sempre que possível o pai e, com freqüência, toda a família — seja uma parte participante e educada a respeito do processo do nascimento. Uma boa parteira faz com que toda a experiência do parto se altere, deixando de ser uma "coisa" que está acontecendo ao corpo da mãe, e com relação à qual ela é passiva (exceto quando lhe é pedido que "faça força"), e passa a ser parte integrante de toda a estrutura da vida na qual a mãe e o pai participam ativamente. Uma parteira séria tem uma boa compreensão dos axiomas básicos da medicina holística. Ela encara o processo de preparação para o parto como sendo parte da sinfonia da vida familiar, e tenta ajudar a família a encarar isso desse modo. Ela está sempre consciente de que a mãe existe em muitos domínios igualmente importantes, de que é sensível e recorre a especialistas em nutrição, ao uso de vitaminas, ao exercício, à psicoterapia, a necessidades de relacionamento e a assuntos espirituais. Ela vê cada paciente como um indivíduo que precisa ser avaliado e tratado como um ser único, e não como membro de uma classe de clientes. Seu relacionamento com seus clientes é de igual para igual, e não o de uma figura de autoridade que age como "mamãe sabe o que é melhor para você". Por ser uma prática responsável da medicina auxiliar, ela também trabalha com a supervisão médica e com apoio para emergências.

Do ponto de vista da medicina holística, o paciente precisa se envolver como um parceiro ativo e do mesmo nível. Não há caminhos *certos* rumo à saúde; existe apenas um caminho melhor para cada pessoa. Como a saúde é observável na esfera da consciência, e nessa esfera só existe o acesso particular — apenas uma pessoa, o próprio paciente, pode observar os dados —, o paciente é tão hábil quanto o terapeuta.

O paciente conhece o *terreno* da sua vida, a cor e a textura desse terreno melhor do que qualquer outra pessoa. O terapeuta tem uma visão mais ampla e tem mais conhecimento e experiência em muitos dos problemas relacionados com a saúde. Trabalhando juntos, eles podem formar uma equipe eficaz que trabalhe em harmonia, mas só o paciente pode julgar como ele se sente, ou dizer se determinado procedimento está ou não ajudando. Só ele está no *centro* da sua vida e a vivencia diretamente. Mesmo que dotado da maior empatia possível, o terapeuta está distante. Nas palavras de Goethe: "Cinza são todas as suas teorias, mas verde é a árvore da vida que cresce."

É esse respeito pelo paciente, como pessoa e como o único que realmente conhece a própria vida e sabe como ela é, que é essencial para o especialista em saúde holística. Se ele não conseguir ter essa atitude — e muitos não conseguem — ele não terá a personalidade necessária à compreensão da medicina holística ou à atuação nela.

Se um médico, ou outro especialista da área da saúde, for mais jovem do que você e se dirigir a você pelo primeiro nome logo no início do relacionamento, tome cuidado! Preferimos que jovens estranhos — mesmo que sejam médicos — se dirijam a nós como senhorita, senhora ou senhor. Esta é uma atitude que indica respeito, e não adotá-la demonstra exatamente o oposto. (Vi internos de 25 anos dizerem para uma mulher mais velha: "Olá, Mary. Sou o Dr. Smith" na primeira vez que se viam, e cheguei à conclusão de que esses internos provavelmente não são passíveis de serem educados.)

Portanto os axiomas fundamentais da medicina holística são: se o paciente for tratado em todos os níveis (por exemplo, físico, mental-emocional e espiritual); se o paciente for tratado como um indivíduo único; e se o paciente for encorajado a *participar* do tratamento até onde estiver disposto a fazê-lo, então é provável que a capacidade de autocura do paciente seja estimulada e venha em ajuda do protocolo médico. Essa é a essência desta nova abordagem da medicina que está tendo, rapidamente, aceitação no mundo ocidental.

Os seguintes casos reais ilustram o que queremos dizer hoje com Medicina Holística.

T. era um executivo bem-sucedido de quarenta e poucos anos. Ele trabalhava para uma grande companhia e ouvira a promessa de que receberia uma promoção no prazo de um ano. Este era o cargo que desejava desde que entrara na companhia 17 anos antes. Estava casado há quinze anos com uma mulher elegante, inteligente e ambiciosa, que fazia carreira na profissão que escolhera. Ele descreveu o casamento como sendo "bom, sem problemas", ambos gostavam de esquiar e passavam regularmente as férias na Suíça. Mas o centro do seu mundo era o trabalho, no qual ele era realmente muito eficiente. Ele era apreciado e admirado por seus subordinados, colegas e superiores.

Dois meses antes da data em que ele assumiria o novo cargo, vários sintomas que apareceram de uma hora para outra o levaram a procurar ajuda médica. O diagnóstico foi a doença de Hodgkin (câncer do sistema linfático) em processo acelerado de desenvolvimento. Nessa época (no início da década de 60), o prognóstico para esse mal era bastante sério, embora 85% dos casos hoje em dia sejam curáveis. O Hodgkin's Institute, em Nova York, não tinha, na época, registros de casos de pacientes que tivessem sobrevivido por mais de cinco anos. T. iniciou um programa de radiação. (Este, aliado ao tratamento com cortisona e mostarda de nitrogênio, era tudo o que a medicina tradicional tinha a oferecer na ocasião.) Durante o tratamento, ele foi encaminhado ao psicólogo da equipe como parte de um programa de pesquisa que estava sendo realizado. Depois da primeira entrevista, ele disse ao psicólogo que sentia que seu câncer "tinha alguma coisa a ver com minhas emoções, e talvez fosse causado por elas". (Há trinta anos, a idéia de que é proveitoso encarar o câncer como uma doença de todo o organismo, e não como um conjunto de problemas de um grupo de células — em resumo, que são as pessoas que contraem câncer e são as pessoas que devem ser tratadas —, era conhecida por muito poucos médicos, embora um grande número de pacientes de câncer estivesse consciente dela.)

O psicólogo do hospital em que T. estava sendo tratado como paciente externo estava fazendo uma experiência com o conceito do terapeuta de saúde e, nesse caso, estava atuando nesse papel. T. começou um programa de psicoterapia. Encorajado a tomar o destino nas próprias mãos, ele foi a uma biblioteca médica que ficava nas proximidades e aprendeu tudo o que pôde sobre a doença de Hodgkin. Nem um pouco satisfeito com o que a medicina tradicional tinha a lhe oferecer, ou com o prognóstico negro do seu estado, ele decidiu procurar mais. E começou por consultar um osteopata.

Na maioria dos Estados, o grau de O.D. [Doutor em Osteopatia] é considerado equivalente ao de M.D. [Doutor em Medicina], e o osteopata pode prescrever e administrar drogas e realizar cirurgias quando julgar que esses procedimentos são indicados. O médico osteopata dá muita ênfase à capacidade de o indivíduo curar-se a si mesmo, bem como ao "princípio de estrutura-funcionamento", que afirma que a doença é geralmente resultado de uma estrutura deslocada que está interferindo com o funcionamento normal do sistema nervoso e sangüíneo. A osteopatia, portanto, enfatiza a manipulação músculo-esquelética, o que freqüentemente cura não apenas o problema estrutural (como vértebras fora de lugar) como também os problemas funcionais ou fisiológicos correspondentes.

O osteopata que T. procurou recomendou que ele continuasse com o programa de radiação prescrito pelo oncologista e, além disso, prescreveu uma série de sessões de manipulação osteopática. T. disse que o tratamento o fez sentir-se bem melhor e que passou a ter muito mais energia depois de concluir a série.

Na época foi difícil encontrar um nutricionista que tivesse bom senso, treinamento e experiência com doenças que apresentassem risco de vida; mas, depois de alguma pesquisa, T. conseguiu encontrar um. Ele passou a seguir uma dieta rigorosamente vegetariana com suplementos de vitaminas e minerais. Sua dieta dificilmente seria sugerida pela maioria dos nutricionistas de hoje, mas parecia ser a melhor recomendação que ele conseguiria obter na época.

Além disso, T. começou a trabalhar diariamente com a técnica Simonton, um método auxiliar de terapia especificamente elaborado para estimular a capacidade de autocura da pessoa e fazer com que ela ajude o programa médico tradicional. Nesse método de meditação especializado, a pessoa imagina tanto as células cancerígenas como os mecanismos de autodefesa com um referente real como num "desenho animado", e depois se concentra em imaginar um conflito entre elas, no qual as células cancerosas são derrotadas. A pessoa poderia, então (se esta fosse a imagem a que ela chegasse naturalmente e com a qual se sentisse à vontade), imaginar os mecanismos de cura como cavaleiros das cruzadas, vestidos com armaduras, atacando e matando as células cancerígenas representadas como dragões. Criada por Carl Simonton, M.D. (que constatou que os pacientes que faziam sempre essa meditação enquanto recebiam a radiação reagiam melhor do que os grupos de controle que recebiam apenas a radiação), ela demonstrou ser muito útil como um método auxiliar no tratamento do câncer. Existem hoje em dia muitos médicos e outras pessoas que ensinam este método de visualização, e o livro de Simonton (*Getting Well Again*) e seus cassetes de treinamento estão à venda por aí.

Durante a psicoterapia, T. logo percebeu que seu casamento era uma concha vazia. Tanto ele como a mulher haviam se acomodado com algo muito distante do ideal. Pouco havia que os mantivesse juntos além do hábito e da convicção de T. (aparentemente compartilhada pela mulher) de que não existia nada melhor. Ele e seu terapeuta exploraram seu profundo desespero por achar que nunca conseguiria ter um verdadeiro relacionamento amoroso. Certa vez ele declarou: "Você sabe como é, doutor, com uma casa que não tem isolamento térmico. Por mais calor que coloquemos nela, não conseguimos nos aquecer. Só podemos fazer isso se parte do calor for refletido de volta para nós. Eu sempre soube que as coisas eram assim comigo na vida. Por mais que eu tentasse, por mais calor que eu liberasse, eu nunca conseguiria me aquecer." Lidar com esse desespero, cujas origens estavam na experiência da infância, foi uma tarefa longa e dolorosa.

Quando T. começou a compreender que se satisfizera com muito pouco em seu casamento, ele e a mulher começaram a examinar juntos a situação e — pela primeira vez — começaram a conversar de fato a respeito dela. Eles foram juntos a um conselheiro matrimonial e tiveram várias sessões com ele. Ao mesmo tempo, a mulher de T. recebeu a proposta de um emprego melhor, que exigiria que ela se mudasse para outra cidade. Este fato pareceu resolver a questão, e eles se divorciaram de uma forma amigável. Ambos pareceram bastante aliviados.

Durante algum tempo depois do divórcio, T. sentiu que só queria se relacionar com seus companheiros no trabalho. Ele explorou esse sentimento nas suas sessões de psicoterapia, aceitando e lidando com seu medo subjacente. Ele começou, então, a sair com outras mulheres.

Depois de um ano, um dos seus relacionamentos ficou mais sério e ele acabou se casando. A segunda mulher de T. é muito mais aberta e carinhosa do que a primeira. Ao ser lembrado do seu comentário anterior sobre o isolamento, ele sorriu e disse que se sentia "bem quente agora".

Através da exploração psicoterapêutica da sua vida profissional, T. compreendeu que o cargo pelo qual tanto ansiara todos aqueles anos lhe parecia agora um beco sem saída. Ele sentia que, em vez de produzir o interminável desafio e estímulo que ele imaginara, o cargo provavelmente se tornaria monótono em um ou dois anos, como todos os outros que já exercera. Depois de alcançar esse posto, ele não teria outros que almejasse, e ficaria "todo arrumado sem ter para onde ir. Nunca!"

Quando T. começou a entender seus sentimentos a respeito do trabalho, também começou a perceber a falácia das suas pressuposições. O novo cargo permitia que ele fizesse qualquer coisa que desejasse, e seus superiores obviamente esperavam que ele sempre fosse criativo e se desenvolvesse. Ao compreender isso, seu desespero com relação ao emprego também começou a desaparecer. (O desespero de T. com relação ao seu emprego e aos seus relacionamentos emocionais, o sentimento de estar, nos dois casos, num beco sem saída, e o "repentino" surgimento de uma doença muito grave, fez o terapeuta lembrar-se de uma declaração de Jung: "Quando uma situação interior não se torna consciente, ela se manifesta exteriormente como destino." Quando ele a mencionou durante uma das sessões, T. pensou longamente a respeito dela durante um longo minuto, e balançou a cabeça concordando tristemente com ela.)

O terapeuta continuou a enfatizar para T. que ele estava se comportando muito bem nos aspectos da sua existência diretamente afetados pelo processo psicoterapêutico, mas que havia pelo menos dois outros aspectos, que ele estava negligenciando — o físico e o espiritual. No aspecto físico, o programa de nutrição era um início, mas apenas isso. T. começou a experimentar várias formas de atividade física. Ele entrou como sócio em um conhecido clube de atletismo de Nova York, que oferecia um grande número de atividades e aulas de tudo o que se podia imaginar, desde ioga até judô. Experimentou várias delas na tentativa de encontrar uma que parecesse adequada a esse período da sua vida e que pudesse ajudá-lo a melhorar a qualidade de vida do seu ser físico. Depois de tentar várias atividades que não lhe pareceram interessantes, ele descobriu que o que realmente queria era praticar natação. Ele nadava lentamente de um lado para outro na piscina, dezenas de vezes, com a mente concentrada apenas no seu exercício, totalmente consciente do que estava fazendo e sem se distrair. Ele geralmente saía da piscina sentindo-se leve, equilibrado, calmo e cheio de energia. Ele descobriu que tinha vontade de fazer isso quatro vezes por semana antes de ir para o trabalho e que o programa era — naquele ponto do seu desenvolvimento — adequado para ele.

Compreendendo (apenas intelectualmente, na ocasião) que não estava expressando nem desenvolvendo a parte espiritual da sua natureza, e que isso não lhe era possível, que não era algo do qual pudesse escapar, ele começou a tentar descobrir e vivenciar essa parte de si mesmo. Ele sabia que estava buscando um contexto maior para sua vida e que isso era expresso de maneiras diferentes conforme as pessoas: em umas, como uma compreensão direta da unicidade delas com o universo; em outras, como uma identificação com a raça humana como um todo, trabalhando de maneira específica para o desenvolvimento dela; e em outras, de modo ideal, como ambas. Ele participou de vários retiros católicos e considerou-os "interessantes" e "agradáveis", mas sem um verdadeiro significado para ele. Alguns seminários Zen, nos quais os participantes ficavam sentados a maior parte do dia — numa posição desconfortável, pelo menos para ele —, achou interessantes, mas não agradáveis. Depois de algumas experiências, chegou à conclusão de que a meditação oriental da Contagem da Respiração descrita no Capítulo 2 era o que ele estava procurando, e começou a praticá-la regularmente durante meia hora por dia. Descobriu que ela o fazia sentir-se melhor e com mais energia o dia inteiro, menos confuso e mais à vontade consigo mesmo e com os outros.

À semelhança das outras meditações que envolvem disciplina, esse trabalho treina e harmoniza a mente do mesmo modo como exercitar-se numa academia de ginástica disciplina e harmoniza o corpo. Se praticada conscientemente durante um longo período de tempo, ela também conduz a um entendimento transcendental no qual começamos a compreender profundamente nossa união com todo o universo e a *saber* que nossa alienação e separação não passam de ilusão. Trabalhar regularmente com um programa de meditação que envolva disciplina ajuda-nos a ter mais desempenho no mundo dos "muitos", bem como no mundo do "Um".

Depois de trabalhar durante um ano no programa de meditação, ele foi convidado por um colega a participar de uma reunião da American Association for the United Nations. Ele se sentiu receptivo à abordagem do grupo e interessou-se pelo trabalho deles. Ele tem agora um cargo importante em uma das sedes locais dessa organização e participa de várias comissões nacionais.

A doença de Hodgkin de T. respondeu bem ao programa de radiação. Os tumores regrediram e não reapareceram durante cerca de seis meses. Depois desse período, vários deles tornaram-se novamente visíveis na radiografia e T. precisou tomar mais radiação. Os tumores voltaram a desaparecer e não reapareceram nos últimos trinta anos.

Neste ínterim, T. modificou várias vezes seu programa de exercícios e de meditação. O que é adequado para nós num determinado período do nosso desenvolvimento não é, necessariamente, apropriado em outro. Ele também mudou várias vezes de alimentação, tanto em função de novas informações como de suas necessidades pessoais. Ele trabalhou durante oito anos no cargo para a qual foi promovido e depois foi trabalhar em outra empresa, numa posição de mais destaque. Ele gosta muito do que faz. É bem casado e tem dois filhos, um dos quais é um menino coreano que ele e a mulher decidiram adotar. Ele qualifica sua vida como "variada, estimulante e fascinante. O único problema que eu tenho é que o dia só tem vinte e quatro horas e tenho cerca de trinta e seis horas de coisas que eu gostaria de fazer".

Vemos aqui uma melhoria no padrão de vida no maior número possível de domínios. T. assumiu a responsabilidade pela sua vida e buscou a ajuda de tantos professores e terapeutas quantos julgou necessário. A abordagem holística não implica usar um modo auxiliar de tratamento em vez da medicina tradicional. (Embora esta seja freqüentemente a imagem apresentada por aqueles que praticam as modalidades auxiliares e que sentem que estão travando uma disputa de poder com a medicina tradicional. Mas essas pessoas estão disputando o controle, e não tentando estabelecer uma nova abordagem de saúde.)

A abordagem holística da saúde é que esta é bem mais do que a ausência da doença, é um *processo* pelo qual alcançamos a nossa mais plena, mais entusiástica e mais alegre participação em cada aspecto da nossa vida. Quanto mais longe estivermos no caminho em direção a essa participação, mais estaremos usando esse método.

O caso real que se segue é incluído como o exemplo de alguém que, sem ter nenhuma doença, fez uso dessa abordagem de vida.

Martin era professor adjunto de administração de empresas numa faculdade de porte médio numa grande cidade da Costa Leste. Ele estava no final dos trinta anos e era divorciado. Tinha uma filha que estava no início da adolescência e que morava com a mãe. Martin a via de vez em quando, nos fins de semana e nos feriados.

Fisicamente, não havia nada especificamente errado com ele mas — como ele declarou mais tarde — "tampouco havia algo certo em minha vida". Ele passava as férias na montanha em hotéis para pessoas solteiras, os quais, como ele os descreveu, eram "agradavelmente promíscuos".

Martin tinha várias amigas solteiras e havia muito tempo se relacionava com duas delas. Ele costumava ter de quatro a seis outros casos mais curtos por ano. Estes duravam de uma semana a um ou dois meses. Não tinha amigos íntimos do sexo masculino. Era espirituoso e inteligente e, freqüentemente, era convidado para jantares por parentes ou conhecidos que precisavam de um homem extra na festa ou tinham uma amiga ou parenta que queriam apresentar a ele. Martin gostava dessas ocasiões sociais, mas fazia questão de que "elas não dessem em nada". Certa vez, foi a um clube promíscuo que estava oferecendo uma noite de orgia, mas nunca mais voltou lá. Quando lhe faziam perguntas a respeito, ele contava a história de Voltaire, que fora convidado para uma orgia, aceitara, comportou-se magnificamente, e recusou-se a voltar, dizendo: "Ir uma vez é próprio do filósofo; duas vezes, é perversão."

Quando o *jogging* estava no auge da moda, ele começou a praticá-lo várias vezes por semana. Posteriormente, em conformidade com muitos da sua classe social, começou a jogar tênis.

Em resumo — nas palavras que Tolstoi usou para descrever a vida de Ivan Ilich —, "a vida dele era muito comum e, por conseguinte, terrível". Era agradável, muito aceitável socialmente, ocupada e essencialmente desprovida de significado. Ele encontrara um modo de vida que não exigia nada dele e que não estava relacionado com o seu ser em particular.

Num verão, quando estava com 39 anos, decidiu passar parte das suas férias numa excursão pela Nova Inglaterra em vez de passá-las da maneira habitual. (Ele assistira recentemente, na televisão, a *Good-bye, Mr. Chips,* em sua versão original, no qual Robert Donat, que levava uma vida monótona como professor de uma escola preparatória da Inglaterra, conhece Greer Garson numa excursão pelos Alpes, e esse acontecimento muda toda a vida dele. Martin percebeu, mais tarde, que esse fato influenciara sua decisão.) Ao caminhar sozinho durante três semanas, começou a sentir que sua vida era um tanto vazia, que algo estava faltando. Ao caminhar o dia inteiro no revigorante ar primaveril de Vermont e New Hampshire, ele se sentiu ao mesmo tempo estimulado e deprimido. Sabia que precisava de algo novo, mas não conseguia ter nenhuma idéia do que isso poderia ser.

Ele não compreendeu, então, que estava passando pelo que o psiquiatra Carl Jung chamava de a "segunda adolescência". Do ponto de vista de Jung, aqueles que têm a sorte de passar por esse período, geralmente estão entre os trinta e cinco e cinqüenta anos. Nesse tempo, os que conseguem ser bem-sucedidos na tarefa do desenvolvimento se surpreendem mudando sua orientação fundamental de preocupação com a opinião dos outros para a preocupação com o desenvolvimento de si mesmos.

Ao voltar para a cidade, Martin marcou uma consulta com um psiquiatra que conhecera numa festa, e que deixara nele a impressão de ser "alguém que parecia bastante bem-sucedido no mundo". À medida que trabalhavam juntos, Martin começou a perceber que se ajustara à vida em vez de a vida se adaptar a ele. Durante esse processo, ele havia se perdido completamente como indivíduo.

Começou a refletir sobre quem *ele* era junto com o terapeuta. Dentre as primeiras coisas que descobriu, estava o fato de ele ser uma pessoa que gostava de aprender coisas novas, mas havia "se esquecido" disso e há muito tempo não pensava em nada novo. Martin começou a ler (e a freqüentar como ouvinte alguns cursos, tanto na sua faculdade como numa faculdade próxima) a respeito da história da administração de empresas e do seu relacionamento com outros aspectos do desenvolvimento cultural. Ficou surpreso ao dar-se conta de que, em dois anos, estava dando vários cursos novos (ele vinha dando os mesmos cursos durante quase quinze anos), publicara vários ensaios nessa sua nova área de interesse, na qual adquirira uma reputação de perito.

A exploração da sua vida interior levou Martin a investigar o grande medo que tinha dos relacionamentos sérios e, com efeito, de envolver-se profundamente com qualquer coisa. Seu relacionamento com a filha melhorou acentuadamente, bem como sua convivência com uma das duas mulheres com quem ele já se relacionava há muito tempo. Eles agora vivem juntos e ambos encaram a relação como "provavelmente permanente".

Martin redescobriu um interesse da sua época de faculdade na música de *jazz* dos anos vinte e trinta, e tem grande prazer nisso. Experimentou, por sugestão do seu terapeuta, tanto o Zen como a ioga, mas descobriu que eles não pareciam relevantes para quem ele era e onde se encontrava em seu desenvolvimento. Experimentou vários tipos de exercícios físicos, desde o karatê até o levantamento de peso e, finalmente, descobriu um, o Tai-chi, que o renova e revigora. O Tai-chi é um antigo método chinês de exercícios que se destina a integrar todos os aspectos da pessoa através de uma série de movimentos harmoniosos nos quais a mente fica totalmente concentrada. Esses movimentos, que têm sua origem nos movimentos naturais dos animais e dos pássaros, parecem, para o observador, uma dança de posturas contínuas ajustadas ao ritmo de uma respiração lenta e profunda. Trata-se de uma meditação em movimento elaborada para usar delicadamente cada músculo e estimular a circulação e o fluxo da energia no corpo. Ele é ao mesmo tempo exercício físico e meditação. Com a prática, o Tai-chi provoca uma "alegria passiva", um "entusiasmo calmo", e uma sensação de unicidade de si mesmo com o universo.

Na parede, acima da mesa do terapeuta de Martin, havia uma tapeçaria em que foram bordados os seguintes dizeres: "Se curamos o universo, curamos a nós mesmos. Se curamos a nós mesmos, curamos o universo." Martin aos poucos compreendera a necessidade de *contexto* na sua vida; a necessidade de participar da raça humana. Ele sente agora uma grande satisfação, e satisfaz uma necessidade que antes nem sabia que existia ao trabalhar voluntariamente duas vezes por semana como gerente administrativo de uma organização ecológica.

Está tão envolvido na sua vida e comprometido com ela que não pergunta muito a si mesmo se está gostando ou não: ele *conhece* o significado e o valor dela. E diz, rindo: "Fico imaginando o que resultará da minha próxima excursão."

Como ilustram estes casos reais, um dos princípios fundamentais da nova metodologia é a exigência de que a pessoa envolvida participe ativamente do processo. Você precisa ser ativo e procurar por si mesmo. Descubra quais as terapias disponíveis e quais são os seus prováveis resultados. É interessante que a palavra "cura" derive da mesma raiz que a palavra "curiosidade". Seja "curioso" e tome o destino nas mãos. Ele estará bem mais seguro aí do que nas mãos de estranhos.

Há um segundo princípio que é repetidamente ilustrado aqui: não há contradições básicas entre quaisquer métodos que busquem melhorar a qualidade de vários domínios do nosso ser. Não causamos mal a um domínio fazendo bem a um outro. Como um exemplo do que estou falando, Edward Cheraskin — um dos mais eminentes especialistas em saúde holística de hoje — enfatizou em vários livros e artigos que não existe nenhuma dieta que seja boa apenas para uma doença. Ou a dieta é boa para a pessoa, ou não é. Ela não é boa para os dentes e má para as hemorróidas, ou vice-versa. Se algo é prejudicial para os dentes, é prejudicial para o resto da pessoa. Nas palavras dele: "O que é enfatizado aqui é que só o bom senso realmente indicaria que, se o açúcar faz mal para a parte de cima do corpo, também faz mal para a parte de baixo. As pessoas não andam por aí definhando da cintura para cima e ficando curadas da cintura para baixo."

Cheraskin continua e destaca que um tipo de alimentação pode ser bom ou não ser bom para essa pessoa, mas não existe uma alimentação boa para todo mundo. Cada pessoa tem necessidades individuais. Por exemplo, se você mora numa cidade (e, por conseguinte, respira uma grande quantidade de chumbo), você precisa de mais vitamina C, que é um bom agente quelífero (um agente que se junta ao chumbo e forma uma substância que o corpo consegue excretar). Se você fuma, costuma tomar aspirina, está fazendo uso de pílula, você também precisa de mais vitamina C, uma vez que essas coisas interferem na sua capacidade de metabolizar essa vitamina. Se você faz as quatro coisas, certamente precisa de uma quantidade bem maior de vitamina C do que uma pessoa que não tenha esse estilo de vida.

Esses princípios — da totalidade e unidade da pessoa, e da *qualidade única* de cada pessoa — são os princípios básicos que servem de apoio ao campo da medicina holística.

AFIRMAÇÕES PARA A CURA DE SI MESMO

J. Donald Walters
(Kriyananda)

Uma afirmação é uma declaração da verdade que se pretende incorporar à própria vida. Costuma-se dizer que somos o que comemos. Seria mais verdadeiro dizer que "somos o que pensamos". A mente revela mais do que o faz o corpo. Nossos pensamentos influenciam fortemente até mesmo a nossa saúde física. Por quê?

Eles existem no subconsciente, sussurrados mentalmente milhares de vezes a cada dia: "Tenho medo, estou cansado, estou zangado..." Para ser bem-sucedido, esses pensamentos devem ser encarados no seu próprio território.

As afirmações chegam ao subconsciente numa linguagem que ele pode ouvir e entender, e tiveram êxito onde outros métodos falharam. Com este livro, você pode:

- Comandar sua vida, controlando seus pensamentos.
- Superar seus bloqueios psicológicos mais perturbadores.
- Estabelecer hábitos novos e úteis que lhe assegurarão o sucesso em qualquer empreendimento.
- Começar a viver como uma arte, e não como algo que apenas "acontece".

Este livro inspirado contém 52 afirmações e orações, uma para cada semana do ano. *Afirmações para a Cura de Si Mesmo* pode muito bem ser o manual definitivo de auto-ajuda, um instrumento de grande eficiência para a transformação pessoal.

EDITORA PENSAMENTO

Culinária Natural e Vegetariana

UCHA MANDACARU

No intuito de fornecer aos leitores uma visão mais ampla no que se refere à alimentação, a autora, de maneira simples e objetiva, sem se prender muito a teorias, passa dos pratos triviais aos de maior requinte, procurando mostrar a simplicidade da sua proposta de uma cozinha totalmente vegetariana.

A par de conselhos sobre o tipo mais indicado de panelas e utensílios de cozinha, sobre como cortar os alimentos, sobre o equilíbrio *yin* e *yang* na escolha dos pratos, sobre o uso adequado da água e dos temperos, a autora analisa rapidamente as vantagens da comida vegetariana e mostra de que modo se pode passar, gradativamente, de uma dieta rica em proteína animal para outras formas de alimentação, igualmente ricas em vitaminas, proteínas e sais minerais com vantagem e sem perder a vitalidade.

Completa o volume uma série de receitas para o lanche, o almoço e o jantar, com pratos salgados e doces que, integrados, ajudarão os leitores a organizar sem dificuldade uma lista bem variada de cardápios visando facilitar de forma criativa esse aspecto tão importante do dia-a-dia das pessoas: o da alimentação.

EDITORA PENSAMENTO

DIFERENTES FORMAS DE CURA

Betty F. Balcombe

Betty Balcombe é escritora dotada de qualidades paranormais e professora muito conhecida nos círculos que estudam e pesquisam os diversos aspectos da paranormalidade. Neste livro, ela compartilha com o leitor sua experiência sobre o que significa ser paranormal e mostra como ele pode desenvolver sua capacidade de curar e sua sensibilidade.

Lendo *Diferentes Formas de Cura*, o leitor aprenderá

- a entender o que é a energia e a trabalhar com ela;
- a fazer uso de diferentes formas de cura;
- a desenvolver sua habilidade psíquica e sua sensibilidade em tudo o que diz respeito à adivinhação, ao tarô, aos pêndulos, às varinhas de radiestesia, aos sonhos e seus símbolos, à premonição e à PES (Percepção Extra-Sensorial);
- a trabalhar com vidas passadas e com viagens fora do corpo;
- a obter uma consciência mais ampla e um maior entendimento acerca do propósito da vida.

Escrito para atender aos pedidos dos inúmeros alunos e seguidores da autora em todo o mundo, este livro é um guia prático e inspirador para todos os interessados em se dedicar à cura e em melhorar sua qualidade de vida.

EDITORA PENSAMENTO

Outras obras de interesse:

O SORRISO INTERIOR - Exercícios práticos para o seu relaxamento e bem-estar
Heidy Lambelet

MEDITAÇÃO - Princípios Gerais para sua Prática
Mouni Sadhu

CURA ENERGÉTICA - O poder sutil e curador das mãos
Silvio Camargo

CURA E TRANSFORMAÇÃO
Dr. Michael Greenwood e *Dr. Peter Nunn*

DIFERENTES FORMAS DE CURA
Betty F. Balcombe

CURAS PELA QUÍMICA OCULTA
Dr. José Maria Campos (Clemente)

JORNADAS PELO MUNDO DA CURA
Dr. José Maria Campos (Clemente)

MEDICINA VIBRACIONAL - Uma Medicina para o Futuro
Richard Gerber

MÃOS DE LUZ
Barbara Ann Brennan

AS TERAPIAS INICIÁTICAS
Henri e *Claudine Czechorowski*

VISUALIZE A SUA CURA
Anita Moraes

PSICORREGRESSÃO - Um Novo Sistema de Cura e Desenvolvimento Pessoal
Dra. Francesca Rossetti

REFLEXOLOGIA - Como Restabelecer o Equilíbrio Energético
Kevin e *Barbara Kunz*

TÉCNICAS MODERNAS DE RELAXAMENTO
Sandra Horn

GUIA COMPLETO DE AROMATERAPIA
Erich Keller